김용태의
사람 사는 교육

김용태의
사람 사는 교육

김용태 지음

사람이 사람답게 사는
세상을 위한
김용태의 삶과 소신

광주 교육의 미래를 위한 대안

심미안

추천의 글

낭중지추(囊中之錐) 같은 사람

장휘국 전 광주광역시 교육감

낭중지추(囊中之錐), '실력이 뛰어난 사람은 겸손하게 조용히 있거나 숨기려 해도 주머니 속의 송곳처럼 그 사람의 역량이 자연스럽게 드러난다.'는 고사성어입니다. 김용태 선생이 그런 사람 아닌가 생각해 봅니다.

함평 손불에서 태어나 풀짐과 나뭇짐을 지던 깡촌소년이 대도시 광주로 유학 와 눈만 껌벅거리며 조용히 지내다가 교사가 되겠다고 사범대학에 갑니다. 깡촌소년은 대학에서 책만 들여다보지 않고 반독재 민주화 투쟁에 뛰어들었으며 수배와 제적을 당하면서도 신분을 숨기고 공장에 들어가 노동운동에 힘을 보탰습니다.

자신을 내세우지 않고 묵묵히 투쟁의 선봉에 섰던 그는 87년 6월항쟁으로 민주화의 문이 열리자 원래 소망하던 교사의 길, 아이들에게 시대정신과 바른 가치관을 심어주는 좋은 선생님이 되고자 했던 꿈을 이루기 위해 복학을 하게 됩니다.

전공인 '물리'교사 자격을 가졌으면서도, 어려운 아이들의 직업교육에 뜻을 두고 남들이 꺼리고 피하는 전문계(공업계) 직업교육 학교로만 다니면서 자동차 정비와 용접 교육에 땀을 흘리던 모습이 생각납니다.

또 교육개혁을 위해 적극적으로 전교조 활동을 하며 직업(실업)교육 정상화를 목표로 '실업교육위원회'를 조직하여 활동하던 모습도 기억납니다. 전교조 광주지부장과 광주전자공고 공모교장의 소임을 묵묵히 감당하는 그의 모습을 보며 '주머니 속에 넣어둔 송곳'이라는 말이 떠올랐습니다. 그는 숨기려 해도 숨겨지지 않고 드러내지 않으려 해도 드러날 수밖에 없는 존재감을 갖고 있습니다.

교사로서 소명을 다하면서도 시민운동에 소홀하지 않았으며, 더 나은 세상을 만들어 보자는 뜻에 공감해 '노무현재단 광주지역위원회 시민학교장'을 기꺼이 맡았습니다. '무슨 욕심이 있어서 교사가 정치활동을 하느냐?'고 비난하는 사람에게 '이게 왜 정치활동이냐? 시민 교육이다.'하며 당당했습니다.

그의 삶은 한결같았습니다. 드러나지 않게 조용히 반독재 민주화운동과 교육개혁을 실천해 왔습니다. 특히 전문계고 교 직업교육의 어려움을 극복하기 위한 노력은 다른 사람이 흉내내기 어려운 일들이었습니다. 용접 실습교사로, 실업교육위원회와 노동교육 교사로. 어느 것 하나 쉽게 선택하고 실천할 수 있는 것이 아닙니다.

광주전자공고 교사 시절에 학교기업공장을 설립하고 운영한 것은 친화력과 소통력이 뛰어난 그의 진면목을 유감없이 발휘한 일입니다. 동료 교사들과 교장, 특히 행정실의 우려와 반대, 지방자치단체, 중앙부처, 지역 사업자들을 만나 설득하고 협조를 끌어내는 과정에서 생긴 숱한 어려움을 극복하며 결국 학교기업의 간판을 달고 학생들을 숙련공 못지 않게 키워내던 모습은 내게 큰 감동을 주었습니다.

또 광주전자공고 교장이 되고 나서 여러 사람의 우려와 반대를 무릅쓰고 학교 건물 옥상에 태양광 발전소를 설치할 때도 그랬습니다. 교직원과 교육청, 한전, 지방자치단체 등을 설득해야 하는 어려운 과정을 거쳐 결국 학교 옥상 태양광 발전의 모범을 만들었다는 평가를 이끌어 냈습니다.

그는 학생들의 안전하고 건강한 삶을 위해 오래도록 청소년 노동인권교육을 뚝심 있게 추진했습니다. 동료 교사들의 뜻을 모으고 끌고 밀고 지원하는 단단한 뚝심이 그의 숨은 실력이고 재능입니다.

이런 뚝심이 어디에서 나왔을까요. 가난을 이기려고 온갖 궂은일을 하면서도 다른 사람의 딱한 처지를 모른 체하지 않았던 그의 조부모님과 부모님의 영향이 아닐까 생각합니다.

이제 그가 새로운 큰 뜻을 품고 자기 삶의 근본 동력이었던 가치와 철학, '사람 사는 세상', '사람 사는 교육', '사람을 살리는 교육'을 이루기 위해 나서겠다고 합니다. 많은 벗들, 선후배들, 옛 동지들이 그를 믿고 돕는다고 나서니 참 든든합니다.

낭중지추(囊中之錐) 같은 사람, 김용태 선생의 앞날에 큰 축복과 성취가 있기를 기대하고 바랍니다.

추천의 글

교육의 본질을 다시 성찰하고, '사람을 세우는 길'에 동참하기를

지병문 전 전남대학교 총장, 전 국회의원

김용태 선생님의 『사람 사는 교육』 발간을 축하하며, 긴 세월의 경험을 함께 나눌 수 있어 기쁩니다.

저는 오랫동안 교육현장에서, 그리고 정치의 장에서 광주정신을 이어가고자 노력했습니다. 그 여정에서 항상 마음 깊이 떠오르는 분들이 계십니다. 오직 교육을 통해 세상을 바꾸고자 묵묵히 한길만을 걸어오신 참스승들입니다. 김용태 선생님은 자신에게는 엄격하고 학생과 동료들에게는 늘 따뜻한 참스승이었습니다.

김용태 선생님은 가난한 농촌에서 태어나 고단한 삶 속에서도 세상을 향한 꿈을 잃지 않았습니다. 5·18민주화운동의 참상을 목격하며 정의와 진실을 외쳤던 그의 젊은 날들은 한 인간의 삶을 넘어 광주 공동체의 기억과도 맞닿아 있습니다. 대학 시절, 불의에 맞서 민주화운동의 길을 선택하고, 제적과 수배, 투옥 등의 고통을 감내하면서도 굽히지 않았던 신념은 시대의 부름에 응답한 헌신이었습니다.

김용태 선생님의 진가는 민주화운동의 길을 넘어 다시 교단으로 돌아왔을 때 더욱 강렬히 빛났습니다. 그는 교육이 곧 사람을 세우는 일이며, 사람을 세운다는 것은 결국 세상을 새롭게 만드는 일임을 몸소 증명했습니다. 교사로서, 교장으로서, 그리고 교육운동가로서 늘 '다 같이 행복한 교육'을 외치며 가난하고 소외된 이들과 함께하는 교육자의 길을 실천한 발자취는 우리 모두에게 큰 울림을 줍니다.

특히 광주전자공업고등학교 교장으로서 보여준 교육 혁신의 성과들은 개별 학교의 변화에 머물지 않았습니다. 수업 혁신과 진로지도, 학생 인권 보장, 그리고 직업교육의 개혁에 이르기까지, 김용태 교장의 실천은 우리 교육이 나아가야 할 방향을 제시했습니다. 학생들이 자신의 미래를 스스로 설계할 수 있도록 길을 열어주었고, 동료 교사들과 함께하는 협력적 문화 속에서 교육공동체의 새로운 모습을 일구었습니다.

저는 김용태 선생님이 학교 밖에서 쉼 없이 펼쳤던 활동도 기억합니다. 그는 전교조 광주지부장으로서, 노무현재단 광주지역위원회 시민학교장으로서도 한결같이 참교육의 기치를 지켰습니다. 학생인권조례 제정, 5·18민주화운동의 교육적 계승, 전교조의 참교육 실천 등은 결코 쉬운 일이 아니었지만, 김용태 선생님은 늘 동지들과 함께하는 길을 선택했습니다. 자신의 입지보다 우리 사회가 한 걸음 더 정의롭고 따뜻한 방향으로 나아가야 한다는 확고한 믿음 때문이었습니다.

이번에 발간되는 책은 김용태 선생님의 삶과 사고의 궤적을 온전히 담아낸 귀한 기록입니다. 개인의 삶을 넘어 광주와 한국 현대사의 뜨거운 장면들을 교육자의 눈으로 다시 써 내려간 귀중한 증언이자 현재까지의 실천을 바탕으로 미래 세대에게 건네는 희망의 설계도입니다. 김용태 선생님이 이 책에 담은 고민과 제안은 교육정책의 최전선에 있는 모든 이들에게 큰 통찰과 방향을 제시할 것입니다.

사람은 누구나 자신의 삶을 통해 역사를 씁니다. 그러나 누군가의 삶이 공동체의 역사로 남는 경우는 많지 않습니다. 김용태 선생님의 삶은 바로 그런 특별한 경우라 할 수 있습니다. 김용태 선생님 개인의 고난과 선택이 민주화의 역사와 교육개혁의 발자취로 이어졌고, 이 책을 통해 새로운 세대에게 전해지게 되었습니다.

이 책은 한 개인의 기록을 넘어, 우리 사회가 함께 읽고 기억해야 할 교육과 민주주의의 자산이 될 것입니다. 이 책을 읽는 모든 이들이 김용태 교장의 뒤를 이어 교육의 본질을 다시 성찰하고, '사람을 세우는 길'에 동참하기를 소망합니다.

김용태 선생님!
소중한 기록을 남겨주어 감사합니다. 그 긴 여정에서 고난을 마다하지 않고, 늘 희망을 품으며, 묵묵히 아이들과 동료를 지킨 헌신이 있었기에 오늘의 광주교육이 있고, 내일의 대한민국 교육이 있습니다.

『사람 사는 교육』 발간을 거듭 축하하며, 김 선생님의 앞날에 더 큰 영광과 행복이 함께하길 기원합니다.

추천의 글

자동차정비공 출신 교사로
교육현장을 깊이 이해

김관영 전북특별자치도지사

김용태 선생님의 『사람 사는 교육』 발간을 진심으로 축하드립니다.

교육자로, 교육운동가로, 교육행정혁신가로 살아오신 선생님의 치열한 여정을 한 권의 책으로 마주할 수 있게 되어 매우 뜻깊게 생각합니다.

저는 회계사와 기획재정부 사무관, 변호사, 국회의원, 그리고 지금은 전북특별자치도지사로서 다양한 분야에서 일해왔습니다. 오랜 시간 여러 현장에서 활동하며 분명히 깨달은 것이 하나 있습니다. 나라의 미래는 결국 '사람'에 달려있고, 그 사람을 키우는 힘은 '교육'에서 비롯된다는 것입니다.

김용태 선생님의 삶은 이 진리를 온몸으로 증명한 여정입니다. 군사정권 시절, 정의와 민주주의를 지키기 위해 거리로 나섰고, 제적과 수배, 두 차례의 옥고를 감내하셨습니다.

그 헌신은 오늘 우리가 누리는 자유의 밑거름이 되었고, 공교육의 뿌리를 지탱하는 힘이 되었습니다.

또한 송암공단에서 자동차정비공으로 일한 6년은 노동의 가치를 몸으로 새긴 시간이었습니다. 그 경험을 바탕으로 교단에 선 뒤에는 아이들과 가장 가까운 교사가 되셨습니다. 현장에서 답을 찾고, 아이들과 함께 울고 웃으며 '살아 있는 교육'을 실현해 오셨습니다. 그 치열한 기록이 이번 책에 고스란히 담겼습니다.

이 책이 더욱 특별한 이유는, 단순한 회고에 머물지 않고 교육의 미래를 제안하고 있다는 점입니다. 책의 3부와 4부에 담긴 광주 교육에 대한 그의 열정은 현장에서 길어낸 살아 있는 정책과 대안입니다.

AI 시대와 학령인구 감소, 교권과 학습권의 균형, 지역대학 연계 등 우리 교육이 직면한 현실을 외면하지 않고 해법을 제시하셨습니다. 민주시민교육, 광주형 교육과정, 문화예술과 진로교육, 교권 보장과 전문성 강화 같은 제안들은, 교육현장을 누구보다 깊이 이해한 교육자이기에 가능한 설계입니다.

전북도정을 책임지는 사람으로서 저는 이 책이 제시하는 교육적 비전이 결코 광주만의 과제가 아니라고 생각합니다. 사람을 키우는 교육은 지역의 지속 가능한 미래를 결정짓는 핵심 과제이며, 대한민국 전체가 함께 고민해야 할 방향입니다.

그런 의미에서 선생님의 책은 단 한 사람의 이야기를 넘어 대한민국 교육의 과거와 현재, 그리고 미래를 담은 소중한 자산이 될 것입니다.

다시 한번 『사람 사는 교육』 발간을 축하드리며, 이 책을 통해 더 많은 분들이 선생님의 삶과 교육철학을 함께 나누기를 소망합니다.

추천의 글

어렵고 힘든 일을 피하지 않고 잘 이겨내

박용진 전 국회의원, 전 이재명대통령후보 직속 국민화합위원장

한 교육자의 삶과 그 발자취에 경의를 표하며

참된 교육자의 책 발간을 축하하며, 그분의 삶을 되새기는 글을 남기게 된 것을 큰 영광으로 생각합니다. 김용태 선생님께서는 교단에서 학생을 가르치는 것을 넘어, 시대와 사회의 부름 앞에 책임을 다해오신 분입니다.

선생님의 자서전에는 우리 현대사의 굴곡, 민주주의의 진통, 그리고 교육이 사람을 어떻게 변화시키고 세상을 어떻게 바꿀 수 있는지에 대한 믿음이 녹아 있습니다. 그 삶의 궤적은 제가 젊은 시절 가슴에 새겼던 교육의 가치와도 깊이 맞닿아 있습니다.

박용진의 젊은 날, 전교조와의 인연

전교조가 출범한 1989년 저는 서울 신일고 3학년 학생이었습니다. 당시 저의 담임선생님이셨던 이수호 전교조 위원

장을 통해 전교조를 알게 되었고, 선생님들을 지키기 위해 거리로 나섰고, 참교육을 외쳤습니다.

그때 저는 선생님들이 단순히 '지식을 가르치는 사람'이 아니라 우리 사회의 양심이자 민주주의를 지키는 최전선에 있다는 사실을 깨달았습니다.

그 시절 이수호 선생님께서는 저희들에게 이렇게 말씀해 주셨습니다.

"교육은 결국, 더 많은 아이들이 사람답게 살 수 있도록 길을 열어주는 일이다."

그 말씀은 저에게 큰 울림을 주었고, 훗날 제가 국회에서 교육개혁과 사회개혁을 추진할 때 마음속 깊이 간직한 말씀이었습니다.

고난과 헌신의 세월을 이겨내신 존경하는 김용태 선생님

김용태 선생님께서는 5·18광주민주화운동의 소용돌이, 두 차례의 투옥과 수배 생활, 송암공단에서 자동차 정비공으로 삶을 살면서 어렵고 힘든 일을 피하지 않고 잘 이겨내셨습니다. 그리고, 그 힘든 삶 속에서 '사람을 키우는 길'이야말로 세상을 바꾸는 가장 확실한 길임을 깨닫고, 어렵게 교직에 들어오셨습니다.

김용태 선생님은 교육현장에서 '새로운 희망의 씨앗'을 심으셨습니다. 그리고, 광주전자공고, 광주공업고, 전남공고 등에서 보여주신 수많은 모범적인 교육혁신 사례로 희망의 씨앗을 꽃피웠습니다.

저는 국회에서 여러 차례 교육 현안을 다루며, '현장에서 발로 뛰며 아이들과 함께 울고 웃는 교사'의 목소리가 얼마나 소중한지 깨달았습니다. 교육정책은 책상 위에서 만들어져서는 안 됩니다. 아이들의 눈빛 속에서, 교사들의 현장 목소리 속에서, 학부모들과의 소통 속에서 만들어져야 합니다. 김용태 선생님의 『사람 사는 교육』은 그런 의미에서, 교육정책을 고민하는 모든 이들에게 길잡이가 될 소중한 기록이라 할 수 있습니다.

함께 사는 세상을 향하여

저는 한 교육자의 치열한 삶에 박수와 응원을 보냅니다.

김용태 선생님의 『사람 사는 교육』은 과거의 기록이자, 미래를 여는 나침반이 될 것입니다. 저는 이 책이 젊은 교사와 학생들, 그리고 정책을 만드는 사람들에게 널리 읽히기를 바랍니다.

존경하는 김용태 선생님, 지금까지 걸어오신 길에 진심으로 경의를 표합니다. 그리고 앞으로도 건강히, 또 당당히, 대한민국 교육의 새로운 지평을 여는 길에 함께해 주시기를 바랍니다.

책머리에

'사람 사는 교육'의 길

　전남 함평 손불면의 작은 마을에서 자란 저는 평범한 아이였습니다. 서까래를 세며 부지런하라고 가르치던 할아버지, 쌀을 몰래 퍼주며 사람의 도리를 일러주던 할머니의 목소리가 제 삶의 밑그림이 되었습니다. 어릴 적 보고 배운 '함께 사는 세상'은 제가 살아온 모든 길의 뿌리였습니다.

　1980년 5·18 이후 제 삶은 험난했습니다. 학생운동을 했다는 이유로 대학 3학년 때 제적당하고 강제징집을 피해 자동차정비공으로 살았습니다. 목포교도소의 차가운 감옥에 갇혀 되뇌던 것은 오직 하나였습니다.
　어떻게 하면 사람이 사람답게 사는 세상을 만들 것인가.

　그 답을 저는 '교육'에서 찾았습니다. 다시 학교로 돌아왔습니다. 늦깎이 교사로, 전교조 활동가로, 교장으로, 노무현

재단 시민학교장으로 살았습니다.

 저는 늘 아이들의 눈에서 세상의 희망을 봅니다. 교육은 희망의 다른 이름이라는 말처럼, 교육은 절망의 시대에도 미래를 잉태하는 힘이었습니다. 그 희망을 잃지 않기 위해, 저는 교단에서 민주주의를, 인권을, 그리고 사람의 존엄을 가르쳤습니다.

 노무현 대통령은 말씀하셨습니다. "사람 사는 세상이란 사람이 사람답게 사는 세상입니다." 그 말은 저에게 교육의 본질을 꿰뚫는 말로 들렸습니다. 사람 사는 세상은 사람을 중심에 둔 교육에서 시작됩니다. 교사로서의 삶은 단순히 지식을 전달하는 일이 아니라 삶의 방향을 함께 찾는 일이었습니다. 저는 교실에서, 학교에서, '사람 사는 세상'을 매일 새롭게 만들어가고 싶었습니다.

  돌이켜 보면 제 삶은 늘 질문의 연속이었습니다. 교육은 어디로 가야 하는가? 학교는 아이들에게 어떤 의미여야 하는가? 그리고 우리는 어떤 사회를 다음 세대에 물려줄 것인가? 그 질문에 대한 답을 찾기 위해 이 책을 썼습니다.
  "인간은 역사를 만들고 교육은 인간을 만든다." 김대중 대통령의 이 말을 믿음으로 삼아왔고 그 믿음이 오늘의 저를 있게 했습니다. 노무현 대통령의 철학, 김대중 대통령의 지혜는 언제나 제 삶의 나침반이었습니다. 그분들이 남긴 "사람 중심의 정치"와 "사람 중심의 교육"의 뜻을 교실에서, 지역사회에서, 광주교육에서 이어가고자 합니다.

  이 책에는 제가 걸어온 길뿐만 아니라 저를 키워준 수많은 '사람들'의 이야기가 담겨 있습니다. 함께 싸웠던 동지들, 교단의 동료들, 묵묵히 지켜봐줬던 친구들, 그리고 무엇보다 저를 믿고 따라준 학생들. 그분들이 있었기에 지금 이 자리까지 올 수 있었습니다.
  이 책은 그분들께 바치는 헌사이자, 다음 세대에게 건네는 작은 불씨입니다.
  저는 믿습니다. "사람이 바뀌면 세상이 바뀐다." 그 변화의 시작은 언제나 '교육'이었고, 그 교육의 중심에 '사람'이 있습니다.

이 책을 세상에 내놓으며, 스스로에게 다시 묻습니다. "당신은 여전히 사람을 믿는가?" 그렇습니다. 저는 여전히 사람을 믿습니다. 사람의 가능성을, 사람의 따뜻함을, 그리고 사람의 도리를 믿습니다.

앞으로도 교육의 현장에서 행동하는 양심으로 살아가겠습니다. 이 책이 '사람 사는 교육'의 길을 함께 여는 작은 등불이 되기를 소망합니다.

2025년 가을 광주에서
김용태 드림

차례

추천의 글

낭중지추(囊中之錐) 같은 사람 장휘국 전 광주광역시 교육감   4

교육의 본질을 다시 성찰하고, '사람을 세우는 길'에 동참하기를
지병문 전 전남대학교 총장, 전 국회의원   8

자동차정비공 출신 교사로 교육현장을 깊이 이해
김관영 전북특별자치도지사   12

어렵고 힘든 일을 피하지 않고 잘 이겨내
박용진 전 국회의원, 전 이재명대통령후보 직속 국민화합위원장   15

책머리에

'사람 사는 교육'의 길   18

제1부 사람이 바뀌면 세상이 바뀐다

숙직실에서 괘도 그리는 아이

새벽에 일어나믄 서까래를 세어라   29
쌀을 그놈만 갖다주지 말고   33
사람의 어려움은 굳이 물을 일이 아니다   35
대접받을 때도 예의를 다해서   37
숙직실에서 괘도 그리는 아이   39
아버지의 실루엣   42
밥먹고 책 봐라   44
살이 되는 독서, 독이 되는 독서   47
공부의 왕도   50

운명의 지침을 돌려놓고

여학생을 만나러 갔다고?	53
지서에 잡혀간 친구들	55
너는 잘 먹고 잘 살아서	57
해가 지면 불안이 스며들고	59
책상에 엎어져 있는 학생	62
인생의 지침이 돌아가고	65
함평에서 광주까지	68
선생 자식이 선생 하는 것이 최고	71

살아 있는 물고기는 물살을 거슬러 오르고

이 새끼 또 왔네	74
돌아온 탕자	78
뮤지컬 배우가 차려준 밥상	81
목포교도소의 미결수	84
월급 8만 원 받는 꼬마	85
총에 둘러싸이고	90
사랑은 오렌지다방에서	93
주경주독	96

함께 사는 세상 모두 사는 교육

학교에 공장을 열고	99
시험 없이 대학에 가는 방법	101
딸내미를 업고 산으로 들로	103
큰 새는 바람을 거슬러 날고	105
공모교장에 합격하고	109
책을 반납하지 않는 도서관	113
해남의 큰 스승	116
노무현보다 조금 못생긴	118

제2부 흔들림 없는 믿음의 나무
- 내가 만난 김용태

대범하면서도 따뜻한 후배, 김용태 정용문	127
시대의 길을 함께 걸은 사람들 김황제	131
내 친구 김용태 장복일	138
남을 위해 먼저 손 내밀던 내 친구 용태 이상탁	141
내가 바라본 김용태 선생님 이복행	145
잘못된 결정 앞에 물러서지 않는 사람 이희준	147
삶으로 그를 믿는다 김동근	152
혁신적 아이디어로 새로운 길을 만드는 교사 김용태 안규완	156
때로는 엄하게 때로는 사랑으로 박효동	161
솔선수범하며 앞장선 친구 배영진	163
김용태, 흔들림 없는 믿음의 기록 전상수	167
얼굴이 살짝 부은 노무현, 김용태 김권섭	170
늘 사람의 마음을 먼저 헤아리는 모습 정세호	176
먼저 마음의 문을 열어주신 선생님 윤빛나	178
김용태의 1984 이상걸	181
뺑끼쟁이 김용태, 전략이 있는 사람 장화동	185
내 영원한 전교조 광주지부장 김용태 선생님 김도영	188
늘 그늘을 드리우며 사람들을 품어주는 나무 같은 벗 임양재	191
한 방울의 이슬로 우주를 본다 노희정	195

제3부 교육정책_배움은 평등하게, 미래는 당당하게

교육혁신의 시작점은 교실이어야 한다	203
우리의 광주, 민주시민을 키우는 교육의 길	209
광주교육은 변화를 어떻게 준비해야 하는가?	215
배움은 평등하게, 미래는 당당하게	221
광주에서 시작하는 미래를 배우는 교실	226
삶의 품격을 높이는 광주교육	230
아이들의 건강과 행복을 키우는 광주형 키움 프로그램	235
교사의 권리가 곧 학생의 권리다	240
광주의 학교는 마을과 함께 자란다	246
학생 중심의 교육환경, 미래로 가는 길	251

제4부 교육칼럼_사람 사는 세상, 사람 사는 교육

'잠자는 교실' 더 이상 방치하면 안 돼	257
교사의 교육 집중 환경 조성, 교육 혁신의 시작	262
코로나19가 남긴 '광주교육의 새로운 과제'	266
다문화 교육, 지역사회와 함께 키우는 공존의 힘 필요	272
방학의 의미	277
모두가 함께 만드는 교육 공동체를 위하여	280
사람 사는 세상, 사람 사는 교육이 필요한 시대	284
정의롭고 당당한 '광주학생 육성' 제언	289
기초학력 보장, 선언을 넘어서 실천으로	293
'광주정신'을 광주교육의 핵심으로	297
'노동'이 당당해야 진정한 인권도시 광주다	301
기술 강국의 미래, 과학기술교육에 달려 있다	305
광주 청소년이 민주 시민으로 성장하는 길, 올바른 역사교육에 답이 있다	308
전국 최고 학업중단율의 비극: '희망교실' 부활이 광주교육의 해법이다	314

제1부

사람이 바뀌면 세상이 바뀐다

사람 사는 세상을 위해 바람과 물결을 거슬러 올라갈 줄 아는 과감한 용기, 혼자만 하는 활동이 아닌 깨어 있는 시민들과 함께하는 조직화된 힘, 그리고 김대중 대통령이 말한 행동하는 양심. 두 분의 말씀처럼 구체적인 행동과 실천이 있어야 사람 사는 세상을 이룰 수 있다. 마음에 품고만 있는 건 의미가 없다. 노무현학교 시민학교장으로서의 활동은 내 스스로 내 삶을 개척하는 실천이자 깨어 있는 시민이 되고자 하는 날갯짓이었다.

— 본문 중에서

숙직실에서 괘도 그리는 아이

새벽에 일어나믄 서까래를 세어라

나는 1964년 5월, 함평 손불면 지사리에서 3남 2녀 중 셋째로 태어났다. 위로 형님 두 분이 계셨고 아래로 여동생 둘이 있었다. 농사를 짓던 할아버지와 할머니는 자식을 여덟이나 낳았지만 아버지와 고모 두 분만 남기고 모두 잃으셨다. 아들 중에 유일하게 생존한 아버지는 당신들에게 자식 이상의 존재였다. 아들에 대한 사랑이 넘치다 못해 지나치리만큼 애틋했다.

아버지는 스무 살에 두 살 많은 어머니와 혼인했다. 할아버지와 외할아버지가 함평 장날 만나서 술 드시다가 눈이 맞았다. 눈은 두 분이 맞췄는데 혼인은 아버지 어머니가 했다. 독자인 아버지가 5남매를 낳고 다복한 가정을 꾸리자 할머니 할아버지의 기쁨은 이루 말할 수 없었다. 지금 생각해도 우리 할머니 할아버지 같은 분이 없을 정도로 손주들을 금이야 옥이야 이뻐하셨다.

할머니는 주무실 때도 손자 손녀를 모두 옆에다 두어야 안심을 하셨다. 아들 중 막내였던 나는 할머니 품을 벗어나지 않고 자랐다. 중학교 3학년 때까지 매일 할머니 방에서 잠들었다. 아버지는 버릇없는 막둥이 아들을 여러 번 혼내셨지만 할머니가 나를 나무라거나 혼낸 적은 없었다.

마을 전체가 광산김씨 일가인 우리 마을은 학구열이 높았다. 몇 가구 안 되는 동네에서 4년제 대학생이 스물다섯 명을 넘길 때도 있었다. 형제 서넛이 모두 대학을 다니는 집들도 꽤 되었다. 할아버지는 온 힘을 다해 집안을 일으키고 아버지를 교사로 키워내셨다. 아버지가 사범학교에 다니는 2년 내내 쌀지게를 지고 함평에서 광주까지 걸어서 쌀을 가져다주셨다. 매우 성실하고 부지런했던 할아버지는 홀로 30마지기가 넘는 논밭을 일궜다. 소도 키웠다. 새벽에 일어나 일하러 나가시던 할아버지는 인기척에 눈을 뜬 내게 이렇게 일렀다.

"용태야, 아침에 일어나믄 저 서까래 수를 꼭 세어라. 저 서까래 수를 늘려야 한다고 생각하믄 안 일어날 수가 없응께."

할아버지에게 서까래 수는 자식과 손자의 미래가 달린 생명줄 같은 것이었다.

그 당시 시골집들은 중천장이 없어 서까래가 다 드러나 보였다. 할아버지에게 서까래 수는 자식과 손자의 미래가 달린 생명줄 같은 것이었다. 할아버지는 성실과 근면이 어떤 것인지 몸소 보여주셨다. 할아버지 말 중에 아직도 기억에 남는 말이 있다.

"성실하게 살고, 남과 함께 살고, 베풀고 살아라. 그럴라믄 니가 베풀 위치에 있어야 한다."

할아버지를 보며 깨달은 것이 있다. 남을 돕는 것도 아무나 할 수 없다는 것이다. 돕는 것도 도울 만한 조건과 자격을 갖춰야 가능하다. 할아버지는 그 조건과 자격을 갖추기 위해 평생 하루도 쉬지 않고 새벽에 일어나 성실하고 부지런히 땅을 일궈오신 것이다.

할아버지는 장에 가실 때 꼭 나를 데리고 다니면서 오가는 길에 보이는 모든 글자들을 읽게 하셨다. 우체국이나 면사무소 같은 곳에 한자로 쓰인 명패도 일일이 하나씩 짚어주며 읽어주셨다. 집에 돌아온 뒤에는 그 글자를 써 보라고 하면서 반복해서 글자 공부를 시키셨다.

나는 자연스럽게 한글과 한자를 같이 익혔다. 글자 공부를 따로 하지 않았지만 읽고 쓰기가 저절로 되었다. 덕분에 여섯 살 때 일찍 한글을 뗐고 친구들보다 한 살 빠른 일곱 살에 학교에 입학할 수 있었다.

초등학교 졸업하고 중학교 들어가기 전 방학이 길 때, 할아버지는 한문책 한 권을 다 외우게 하셨다. 그때는 한문책 한 권으로 중학교 3년을 배우던 시기였다. 어릴 때는 암기력이 좋기 때문에 한 권이 어렵지 않게 외워졌다. 나는 초등학교 방학 기간에 한문책 한 권을 독파했다. 그랬더니 중학교에 올라가서 한문 공부를 따로 하지 않아도 항상 백점이 나왔다. 덩달아 국어 성적도 좋았다. 다른 애들은 한문을 굉장히 어려워했다.

한문을 배우면서 문해력이 상당히 향상되었다. 복잡한 문장의 구조도 잘 이해가 되었다. 할아버지의 교수법은 지금의 그 어떤 학원보다 훨씬 효과적이었다.

쌀을 그놈만 갖다주지 말고

우리 집은 모두가 가난한 시절에 그나마 덜 가난한 집이었다. 부자는 아니었지만 성실한 할아버지와 교사였던 아버지 덕분에 집에 쌀과 현금이 조금 있었다. 당시는 선생님 월급을 백 원짜리 지폐로 주던 시절이었다. 춘궁기가 되면 우리 집으로 쌀이나 돈을 꾸러 오는 분들이 꽤 되었다. 할머니는 다른 사람의 어려움을 그냥 지나치지 못하는 분이셨다. 미안해서 제대로 말도 못 꺼내는 그분들을 한없이 다정하고 따뜻하게 맞아주셨다.

월사금 내는 시기가 되면 새벽 일찍부터 월사금을 꾸러 오는 분들도 있었다. 전에 빌리러 왔던 분들이 또 빌리러 오기도 했다. 할아버지는 지난번 빌려간 돈도 안 갚았는데 또 빌리러 왔냐고 퉁산이를 주기도 했다. 그러면 할머니는 가만히 듣고 있다가 할아버지 몰래 그분을 구석으로 따로 불러 골마리에서 돈을 빼주셨다. 할아버지는 알면서도 모른 척했다. 나는 할머니가 사람들을 집 한쪽으로 데리고 가 몰래 퍼주시는 걸 자주 보면서 자랐다. 그렇게 빌려간 쌀이나 돈을 못 갚는 경우에는 농사일을 하게 하고 품삯으로 제해

주기도 했다.

당시에는 머리에 보따리를 이고 행상하는 분이 많았는데, 할머니는 행상하는 분들도 그냥 보내지 못했다. 저만치 가고 있어도 일부러 불러들여 마실 물을 주고 물건을 사주셨다. 쌀 한 됫박이면 살 것도 두 세 됫박씩 후하게 값을 쳐주셨다.

초등학교 5학년 때 있었던 일이다. 학교에서 수학여행을 가는데 그때 돈으로 600원인가 하고 쌀 한 됫박을 내야 했다. 친한 친구 한 명이 그 돈을 낼 수 없어 수학여행을 못 간다고 했다. 나는 그 친구랑 같이 가고 싶은 마음에 할머니한테 말도 안 하고 몰래 광에 가서 쌀을 푸고 있었다. 그때 할머니가 들어오셨다. 나는 당황한 나머지 이러저러해서 내 거랑 친구 거 수학여행비 하려고 쌀 좀 푸고 있다고 떠듬거렸다. 그런 나를 보고 할머니께서 말씀하셨다.

"쌀을 그놈만 갖다주지 말고 집에서 먹을 쌀도 더 갖다줘라."

수학여행 보낼 쌀이 없는 집이면 당장 끼니 잇기도 어려울 거라고 생각하신 것이다. 할머니는 어려운 이웃을 외면하지 말고 챙겨주며 살아야 한다는 것을 몸소 보여주셨다.

그것 때문인지 나는 언젠가부터 어려운 사람을 보게 되면 그 잔상이 계속 어른거려 마음에서 쉽게 내보내지 못했다. 아는 사람이건 모르는 사람이건 어려운 사람을 보면 내 마음이 너무 짠하고 안쓰럽다.

사람의 어려움은 굳이 물을 일이 아니다

덕과 복은 삼대까지 이어진다고 했던가. 할머니가 지은 덕으로 나는 어릴 때부터 동네 어르신들에게 후한 대접을 받았다. 면소재지에 나가 인사를 드리면 어르신들이 물었다.

"니가 누구 자손이냐?"
"진양댁이 제 할매예요."
"오메. 니가 그 양반 손자냐? 이리 와 봐라."

할머니 댁호를 대면 어르신들은 깜짝 놀라며 무엇이든 집어서 내게 주려고 하셨다. 학교 오가는 길에 장터에 들르면 내가 할머니 손자인 걸 아는 어르신들이 팥죽도 퍼주고 엿도 주셨다. 행상하는 분들도 길에서 만나면 꼭 나를 불러 전어도 먹여주고 낙지도 먹여줬다. 그러면 나는 양손에 가득 무거워 보이는 그분들의 짐을 저만치 들어다 드리곤 했다.

어린 내 눈에는 사방 백 리 안에 굶어죽는 사람이 없게 했다는 경주 최부잣집이나 쌀독을 밖에 내놓았다는 구례 류부잣집보다 우리 할머니가 더 커 보였다. 할머니는 늘 말씀하셨다.

"사람의 어려움은 굳이 따져 물을 일이 아니다. 저 사람이 어렵구나 생각이 들면 있는 거 나누고 살아야 헌다."

서른 살이 넘어 사직공원 밑에 있는 식당에 모임이 있어 간 적이 있다. 연세가 좀 되는 분이 식당을 운영하고 있었다. 어찌어찌 고향 이야기를 하게 되었다.

"자네는 고향이 어딘가?"
"네. 함평 손불면 지사리입니다."
"아 그래? 혹시 진양댁이라는 분을 아는가?"
"네. 진양댁이라는 댁호를 쓰는 분은 저희 할머니 한 분뿐인데요."
"아이고. 자네가 진양댁 손자여?"
"네. 맞습니다. 어찌 그러십니까?"
"아이구 이게 뭔 일이여. 내가 자네 할머니한테 평생 갚지 못한 은혜가 있어."

그러면서 그분은 내 손을 잡고 한참 동안 눈물을 흘리셨다. 돌아가시기 전에 은혜를 갚지 못했는데 손자를 이렇게 만났다면서 좀처럼 흥분을 가라앉히지 못했다. 그분은 아무리 거절해도 우리 모임의 밥값을 받지 않으셨다. 할머니가 지어놓은 복을 손자인 내가 다 받고 살았다.

대접받을 때도 예의를 다해서

인동장씨였던 할머니는 함평 진양리 출신이셨다. 이 마을은 6·25전쟁이 터지기 한 해 전에 양민학살이 일어난 곳이다.

1949년 9월 전남 함평 불갑산에서 토벌작전을 마치고 돌아가던 경찰유격대가 야간경비를 준비하던 마을 주민 28명을 적으로 오해해 총으로 쏘았다. 진실화해위원회 조사 결과, 경찰유격대는 부상을 입은 동료가 숨지자 다음 날 다시 양림마을로 들어가 주민 23명을 죽이고 집 일곱 채에 불을 질렀다. 군인이 민간인을 죽인 사건이지만 아직까지 정식 사과는 받지 못했다.

할머니는 밭에서 일하실 때 늘 '새야 새야 파랑새야'를 흥얼거렸다. 나는 그 노래가 뭔지도 모르고 '새야 새야 파랑새야'를 따라 불렀다. 지금 생각해 보면 아마도 할머니가 동학군의 딸이지 않았을까 싶다.

할머니 역시 할아버지 못지않게 부지런하셨다. 오늘 논일 하는데 놉이 없으면 새벽같이 일어나 다른 동네까지 가서 일할 사람을 구했다. 새벽에 눈을 떠 보면 밖이 다 밝지도 않았는데 두 분 다 어느새 일하러 나가고 없었다.

할아버지 할머니는 당신들만큼이나 다른 사람도 부지런하기를 원하셨다. 옛날 시골 양반들이 다 그러셨겠지만 아무리 이쁜 손주라도 밥을 늦게까지 느그적 느그적 먹는 꼴을 못 보셨다. 얼른 먹고 학교 가든지 일하러 가든지 하라고 독촉하셨다. 그래서 나는 밥을 무지하게 빨리 먹는 사람이 됐다. 지금도 나보다 밥을 빨리 먹는 사람을 별로 본 적이 없을 정도다. 나중에 교장할 때도 우리 학교 선생님들이 교장선생님하고는 밥을 같이 못 먹는다 할 정도로 밥을 빨리 먹는다.

나는 평상시에는 느긋한 편인데 뭔가 해결해야 할 일이나 과제가 생기면 그것이 끝날 때까지 잠이 잘 안 오는 경향이 있다. 할머니 할아버지의 부지런하라는 말씀이 내 몸에 강박처럼 스며들었기 때문인 것 같다.

부지런하고 성실해라, 어려운 사람을 외면하지 말라는 말과 함께 기억나는 말이 하나 더 있다. 대접받을 때도 예의를 다하라는 말이다. 할머니는 아무리 반찬이 없어도 남의 집에서 밥을 주면 한 그릇 더 달라고 해서 먹을 줄 알아야 한다고 가르치셨다. 그 말대로 나는 친구집에 가면 입맛에 맞든 안 맞든 다북스럽게 먹고 한 그릇 더 달라고 해서 먹었다. 자식 친구가 왔는데 밥 한 그릇도 못 먹여서 보냈다고 미안해 하실까 봐 정성을 다해 밥을 먹었다. 그래서인지 나는 지금까지 반찬 투정 같은 것을 해 본 적이 없다.

할머니는 가지고 못 가진 거 따지지 말고 대접받을 때도 예의를 지켜야 한다고 하셨다. 어린 시절 할머니의 가르침은 함께 사는 세상, 사람 사는 세상을 향해 있었다. 할머니는 내가 도피생활을 하던 중 여든넷에 돌아가셨다. 나는 할머니 임종을 지키지 못했다. 정 많고 인자했던 우리 할머니는 내 인사도 못 받고 파랑새처럼 날아 저 세상으로 가셨다.

숙직실에서 괘도 그리는 아이

시골에서 교사를 하셨던 아버지는 숙직이 잦았다. 숙직을 하면서 술을 사와 드시는 일이 종종 있어 선생님들은 당시의 숙직을 '술직'이라 부르기도 했다. 아버지는 숙직을 하는 날 나를 꼭 데려가셨다. 어머니도 아버지 따라 가라고 권하셨다. 나는 초등학교 때부터 아버지가 근무하는 중학교 숙직실에 자주 가게 되었다.

비좁은 숙직실에서 아버지와 선생님들이 밤새 얘기하시는 동안 나한테는 교무실에 가서 공부하라고 말씀하셨다. 나는 교무실에 홀로 나와 선생님들 책을 뒤적거리며 시간을 보냈다. 그러던 어느 날, 선생님 한 분이 나를 부르셨다.

"용태야. 너 미술선생님 아들이니까 그림 좀 그리겠다?"

숫기 없는 내가 뭐라고 말도 못 하고 가만히 있으니 선생님이 교과서를 펼쳐 보여주며 다시 말씀하셨다.

"여기 나와 있는 거 저기 괘도에 한번 그려 볼래?"

그 시대에 괘도는 최고의 학습자료였다. 지금은 인터넷을 연결해서 TV 모니터로 학습이 가능한 시대지만 그 시대에는 학습매체라는 말도 낯설었고 교과서 외에 별도의 학습자료가 딱히 없었다.

내게 맡겨진 일은 교과서 삽화라든가 내용을 괘도에 그대로 옮기는 일이었다. 선생님들은 전지종이와 매직을 색깔별로 서너 개 주시면서 괘도에 글씨를 쓰고 그림을 그리게 하셨다. 지금 생각해 보면 내게 그림 솜씨가 조금 있었던 것 같다. 한번은 방학 숙제로 세계전도 그리기가 있었는데 예쁘게 색칠까지 한 세계전도를 가져갔더니 사회선생님이 수업자료로 쓰시기도 했다. 당시에도 호남예술제가 있었는데, 나는 호남예술제 그림 경진대회에 나가서 입상도 여러 번 했다. 솜씨가 조잡했으면 더 안 시켰을 텐데 내가 그림을 그리면 선생님들은

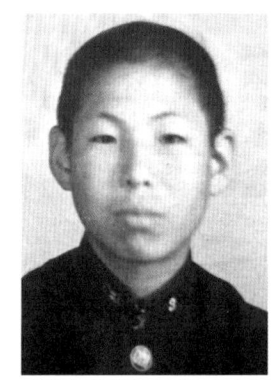

손불중 졸업사진. 나는 우스갯소리로 교사 인턴을 초등학교 때부터 시작했다고 말하곤 한다.

"워따, 그거 미술선생님 아들이라 그런지 꽤나 그리네."

하며 계속 그려 보라 하셨다. 썩 솜씨 좋게 괘도를 그려내자 체육선생님, 음악선생님, 과학선생님도 괘도를 그려달라고 하셨다. 나중에는 괘도 그리기 전담이 될 정도로 많은 괘도를 맡기셨다. 농업책 같은 경우 내가 3년치 괘도를 다 그리고 만들 정도였다.

어떤 날은 가리방도 긁었다. 가리방은 문서를 여러 장 복제할 수 있는 수동 등사기다. 날카로운 쇠촉으로 습자지 같은 얇은 종이에 글을 쓰면 거기에 잉크가 스며들고 그것을 가져다 롤라로 문지르면 유인물이 만들어졌다.

복사기가 없던 시절이니 똑같은 유인물을 여러 장 만들 때 가리방을 썼다. 선생님들은 내가 초등학생치고는 글씨를 또박또박 잘 쓴다고 하셨다. 선생님이 쓴 원본을 내게 주시며

"용태야. 이것 좀 가리방으로 긁어서 해놔라."

하셨다. 그러면 나는 신이 나서 열심히 가리방을 긁었다.

지금 생각해 보면 숙직실에서 괘도 그리는 일은 중학교 교과서의 예습과정이었다. 학습내용이 저절로 외워졌고 덤으로 그림 그리기 연습도 할 수 있었다. 그래서인지 따로 공부를 하지 않았는데도 중학교 입학시험에서 1등을 했다. 지금도 나는 우스갯소리로 교사 인턴을 초등학교 때부터 시작했다고 말하곤 한다.

아버지의 실루엣

아버지가 미술선생님이어서 집에 교육잡지라든가 도록이 많이 있었다. 이름만 들어도 다 아는 유명한 화가들의 작품이 담긴 도록을 보며 고전파니 인상파니 이런 것을 알게 되었다. 중학교 가서 미술을 배울 때 집에서 봤던 그림들이 먼저 눈에 들어왔다.

나는 아버지의 도록을 보면서 색감도 키우고 심미안도 키웠다. 그림을 따로 배우지는 않았지만 도록을 보며 수채화 기법도 익혔다. 종이도 귀하던 시절이었는데 나는 아버지 덕에 물감과 붓, 켄트지 같은 그림 도구들을 마음껏 쓰고 살았다. 그림을 잘 그릴 수 있는 환경에서 자란 것이다.

아버지는 숙직 가자고 하면 고분고분 따라나서서 동료 선생님들이 시킨 일을 곧잘 해내는 막내아들을 대견해 하셨다. 늘 술을 드셨지만 어쩌다 술을 안 드시는 날이면 서재에 앉아 책을 읽으셨다.

아버지가 서재에 앉아 책을 읽는 모습이 어린 눈에 너무나 멋있어 보였다. 유리창 너머로 아버지가 책 읽는 모습이 실루엣으로 비치면 마음이 안정되고 편안해졌다. 나는 아버지를 따라하고 싶어 아버지 서재에서 아버지처럼 책을 읽곤 했다.

우리 마을에서 우리 집에만 텔레비전이 있었다. 저녁부터 밤까지 우리 집은 텔레비전을 보러 오는 마을 사람들로 북적였다. 토요일 〈타잔〉을 하는 시간에는 그야말로 대성황이었다. 겨울에는 아버지 서재에 TV가 있었고 여름에는 마루에 TV를 내놓고 봤다.

온 동네 아이들은 물론 어른들도 텔레비전을 보러 오셨다. 삼사십 명이 모여 앉아 텔레비전을 보고 가면 흙먼지가 한 웅큼씩 나왔다. 우리 집에서는 마을 사람들이 텔레비전 보러 오는 것을 좋아했고 당연하다 생각했다.

동네에 전기가 들어온 것이 내가 초등학교 4학년 때쯤이니 텔레비전은 초등학교 6학년 때부터 봤던 것 같다. 오전에는 쉬고 오후 6시에 애국가 나오면서 방송이 시작됐다. 당시는 브라운관 TV라 세팅되는 데 시간이 꽤 걸렸다. 〈타잔〉과 〈로보트 태권브이〉가 재미있었고 손오공이 나오는 〈서유기〉나 명화극장도 인기였다. 시골에 살았지만 어른들 덕분에 문명의 이기는 남들보다 먼저 접하게 되었다.

밥 먹고 책 봐라

나는 키 작고 얌전하고 수업시간에도 있는 둥 없는 둥 순종적인 아이였다. 형들이 있어서인지 몸집이 왜소해서인지 몰라도 부모님은 내게 밭일을 시키지 않으셨다. 마을 아이들 모두 학교 끝나고 논밭으로 나갈 때 나는 집에서 조용히 어른들 심부름을 하거나 책을 읽었다.

학교 갔다 오면 밥 먹고 조용히 있다가 심심하면 아버지

서고에서 책을 빼다가 읽는 것이 내 일이었다. 손이 닿는 곳에 책이 있으니 자연스럽게 책을 읽게 되었다. 이론서도 읽고 도록도 보고 『괴도 루팡』이나 『셜록 홈즈』 같은 탐정물도 읽었다. 아버지는 잡지를 많이 사주시지 않았지만 『소년중앙』이나 『어깨동무』 같은 소년 잡지는 가끔 가져다 놓으셨다.

우리 집 바로 아래에 아버지랑 같은 학교 선생님이자 당숙이 살고 있었는데 당숙은 늘 청소년 잡지들을 정기적으로 구독하셨다. 나는 나보다 한 살 많은 선배 형이 살고 있는 그 집에 자주 찾아가 잡지들을 탐독했다. 한 번 가면 염치불문하고 아침부터 저녁까지 잡지들을 몰아서 읽었다. 뒤가 궁금해서 중간에 멈출 수가 없었다. 밥 때가 되어 당숙모께서 부르셔도 책 읽기를 멈추지 않았다.

"용태야 밥 먹고 책 봐라."
"안 먹어요."

나는 밥도 안 먹고 계속 책을 읽었다. 보다 못한 당숙모가 우선 밥부터 먹고 집에 가져가서 다 보고 가져오라고 했지만 선배 형이 못 가져가게 할 수도 있으니 그걸 다 읽고 갈 욕심에 밥 먹을 생각이 나지 않았다. 당숙집에 가기만 하면 『소년중앙』 6개월치를 한번에 다 읽고 오곤 했다.

광주에서 고등학교에 다니던 큰형은 책을 가져다주는 족족 다 읽어대는 막냇동생이 신기했는지 시골에 올 때마다 책을 꼭 사왔다. 『윤봉길』, 『안중근』, 『안창호』, 『이순신』 같은 위인전기를 사다주면 나는 그것을 읽고 또 읽었다. 내 경험상 위인전을 통해 위대한 인물을 본받으려는 마음을 어린 시절에 갖게 해주는 것은 매우 교육적일 수 있겠다는 생각이 들었다. 어린 시절에 읽은 책은 각인 효과가 있어서 마음에 오래 남고 삶에 많은 영향을 미치게 된다는 것도 알게 되었다.

큰형이 사다준 책 뒤에 보면 새로 나온 책을 소개하는 난이 있다. 나는 그 곳에 소개된 신간들을 가리키며 "이 책 사다줘. 이 책도 사다줘." 하고 말했다. 그러면 형은 용돈을 받아 동생에게 줄 책을 제일 먼저 사두었다. 7살 많은 형은 거의 부모님처럼 나를 아껴주었다.

책을 많이 읽다 보니 초등학교 때 도교육청에서 주관하는 고전읽기 경시대회에 학교 대표로 나가게 되고 거기서 뽑혀 군 대표로 나가기도 했다.

독서는 내가 한 유일한 공부였다. 독서는 이해력, 독해력, 문해력을 기르는 데 최고의 공부법이다. 나는 복습이나 예습을 하거나 시험 본다고 문제풀이를 한 적이 없다. 그저 책을 좋아했고 시간이 날 때마다 책을 읽었다. 내가 초등학교 내내 성적이 좋았던 것은 많은 책을 닥치는 대로 읽어나갔던 독서 습관 때문이다. 한번 자리 잡은 독서 습관은 나중에 공부 습관으로 이어질 가능성이 크다.

어머니는 밥을 안 먹고 책 읽는 아들을 위해 조용히 밥을 가져다 놓고 가시곤 했다. 어머니는 책 읽는 아들을 보며 공부를 열심히 한다고 생각하셨을 것이고 그런 아들에게 큰 기대를 하셨을 것이다.

지금도 누가 초등학교 시절 기억을 말해 달라고 하면 아버지 서재나 당숙네 집에 가서 저녁밥도 안 먹고 책에 몰두했던 모습이 가장 먼저 떠오른다.

살이 되는 독서, 독이 되는 독서

내 독서는 계획적이거나 체계적으로 지도받는 독서가 아니었다. 주변에 보이는 모든 책을 닥치는 대로 읽다 보니 그 나이에 이해하지 못할 책들도 보게 되었다. 『차탈리 부인의 사랑』 같은 책은 이게 왜 양서라고 추천을 받을까 궁금해서 읽어 봤는데 왜 추천을 하는지 그 이유를 끝내 찾지 못했다. 이중간첩 『마타하리』를 다룬 첩보소설은 이해는 안 됐지만 재미는 있었다.

 작가가 누군지는 모르겠지만 『까치방』이란 소설도 기억난다. 징역생활하는 수인들 이야기였는데 어린 생각에 나중에 교도소 한번 가서 확인해 보고 싶다고 생각했다. 그때는 실제로 내가 교도소 갈 일이 생기리라고는 꿈에도 생각하지 못했다. 막상 교도소에 가 보니 그 소설이 얼마나 허구였는지도 알게 되었다.

 당시 학교 주변에 작은 점빵이 있었는데 점빵에는 항상 만화책이 있었다. 나는 점빵에 있는 만화책도 다 읽어버렸다. 아침에 들어가면 밥 먹는 것도 잊고 점빵에 있는 만화책을 다 읽은 뒤에야 자리에서 일어섰다.

 전남고에 다니던 큰형이 가져다 줬던 함석헌 선생의 『씨알의 소리』나 『창비』도 읽고 수몰민의 애환이 담긴 문순태의 소설 『징소리』도 읽었다. 송기숙의 『자랏골의 비가』나 소작쟁의를 다룬 『암태도』도 읽었다. 황석영 씨의 초기 작품도 읽었다. 나중에 대학 가서 송기숙 교수를 봤을 때 마냥 흠모의 눈으로 바라봤던 기억이 난다.

 그런 책들은 상당히 의식 있는 책들이었고 어린 나이에 그런 책들을 많이 읽으니 나도 모르게 사회비판의식이 마음

속에 자리 잡게 되었다. 그 뒤 5·18을 겪으면서 사회에 대한 비판의식은 더 커졌다. 내가 대학에 가서 학생운동을 거부감 없이 받아들였던 것도 이런 독서의 영향 때문이 아닐까 싶다.

책을 읽으면서 깨닫게 된 사실이 하나 있다. 어린 시절에 사회의 아픔이 진한 이야기를 너무 많이 접하게 되면 마음에 슬픔이 많아진다는 것이다. 정제되지 않은 감정이 감수성이 예민한 마음을 파고 들었다. 이유식을 먹어야 할 나이에 뜨거운 찌개를 잘못 먹은 것처럼 그 나이에 감당하기 어려운 이야기를 읽으면 몹시 불안하고 암울했다.

그때 누군가가 책의 내용을 제 나이에 맞게 소화할 수 있는 방법을 알려줬다면 슬픔과 암울에서 빨리 벗어날 수 있었을 것이다. 나중에서야 혼자 하는 독서가 위험하다는 것을 알게 되었다. 한정된 정보와 관점에 갇히게 될 위험이 있었다. 균형을 상실하면 현실을 왜곡하게 된다. 반 인륜적 범죄를 저지른 히틀러나 무솔리니 같은 독재자도 지독한 독서광이었다지 않은가. 균형 잃은 독서, 혼자 하는 독서가 얼마나 위험한지를 보여주는 사례다.

세상을 혼자 살 수 없듯 성장도 혼자서는 어렵다. 살아가는 데 필요한 힘을 골고루 얻기 위해서는 반드시 다른 사람의 도움이 있어야 한다. 혼자 하는 독서가 아닌 함께하는 독서를 해야 하는 이유다. 아이들에게는 함께하는 독서의 경험이 반드시 필요하다.

공부의 왕도

초등학교 4학년 때 처음으로 도학력고사를 봤는데 내가 전교 1등을 했던 모양이다. 어찌된 일인지 알 수 없었지만 결과가 그렇게 나와서 나도 어리둥절했다. 그 뒤로 "공부 좀 하네." 라는 소리를 들었다.

중학교 때는 아버지가 선생님인데 아들이 공부 못한다는 소리 들을까 봐 공부를 조금 했는데 내내 전교 2등을 했다. 그때 1등한 친구는 사법고시 합격해서 변호사가 되었다는 소식을 들었다.

나는 공부를 체계적으로 해 보지 않았지만 공부를 잘 하는 방법은 알고 있다. 공부를 잘하는 방법 첫 번째는 습관이다. 진득하니 앉아서 오랫동안 몰입할 수 있는 습관을 길러야 한다. 두 번째는 이해와 암기다. 공부를 잘하려면 이해를 먼저 해야 하고 그 다음이 암기다. 이해와 암기에 시간을 들여야 하며 그 시간을 책상에 앉아 책과 씨름하는 습관을 들인 아이가 공부를 잘하게 된다.

그래서 공부는 이해와 암기의 반복이자 습관의 도다. 이해도 안 된 채 무턱대고 외우는 것은 길게 가지 못한다. 쇠를 깎더라도 0.001mm의 정밀도를 맞추려면 자주 해 봐야 한다. 방법을 알고 있으니 다 됐다고 넘어간 애들은 제대로 된 기술을 습득할 수가 없다. 이해를 잘하기 위해서 예습을 하는 것이고 암기가 잘 되도록 복습을 하는 것이다.

사람들이 공부의 왕도를 모르는 게 아니다. 다 알고 있지만 이것을 실현하기가 쉽지 않다. 이런 공부 습관은 부모가 만들어줄 수도 없고 학원에 보낸다고 생기는 게 아니다. 아이들 스스로가 본인의 공부 습관을 만들어야 한다. 공부 습관이 생기기 전에 학원에 보내면 오히려 공부 습관 형성에 방해가 될 수 있다. 스스로 공부하는 법을 알기 전에 타인에게 의존해 공부하는 방법부터 배우게 된다. 부모가 할 일은 스스로 공부 습관을 들일 수 있도록 아이들을 지원하는 것이다. 공부 습관을 들일 수 있는 가장 좋은 방법은 가정 분위기를 그렇게 조성하는 것이다.

큰애를 낳고 나는 임용고사 준비를 했고 애들 엄마는 대학에 복학해 학업을 이어갔다. 둘 다 공부를 해야 하는 처지라 우리 큰애는 태어나면서부터 초등학교 때까지 엄마 아빠가 책상에 앉아 공부하는 모습만 봐야 했다. 자연스럽게 큰

애도 우리 옆에 앉아 책을 읽게 되었다. 학원에 보낼 처지도 못 될 뿐만 아니라 보낼 생각을 해 보거나 따로 공부를 시킨 적이 없는데도 아이는 일찍 한글을 떼고 5살 때부터 책을 줄줄 읽었던 것 같다.

나는 그러지 못했는데 애들 엄마는 한번 책상에 앉으면 몇 시간씩 진득히 앉아 있었다. 아이가 그런 엄마를 보며 긴 시간 책상에 앉아 한 가지에 몰입하는 습관을 스스로 터득한 듯하다. 고등학교 다닐 때도 큰애 공부시킨다고 특별히 신경을 써주지 못했다. 애 공부에 너무 관심이 없는 거 아니냐고 주변 사람들이 뭐라고 할 정도였다.

어릴 적부터 자연스럽게 몸에 밴 공부 습관 때문인지 큰애는 큰 굴곡 없이 사람들이 말하는 소위 명문대에 입학했다.

운명의 지침을 돌려놓고

여학생을 만나러 갔다고?

나는 친구의 인생에 개입하는 친구였다. 친구의 인생이 곧 내 인생이라 생각했다. 그애들이 길이 아닌 길을 가는 것을 나는 그냥 둘 수 없었다. 우리 시골이 집성촌이라 친구들 대부분이 친척 관계로 얽히기도 했고 또 몇 가구 안 되는 곳이라 서로의 살림을 속속들이 알고 있어서 어릴 적부터 시골에서 같이 자란 친구들 간에는 가족 같은 끈끈함이 있었다. 나는 아무리 친한 사이라도 아닌 건 아니라고 말했다. 친구들은 한 번씩 화를 냈지만 결국 내 말을 따라줬다.

내가 고 1때 친구들은 중 3이었다. 친구들은 함평에서 중학교를 다니고 있었고 나는 광주에서 고등학교를 다녔기 때문에 매주 토요일이 되면 부모님도 뵐 겸 집에 내려갔다.

어느 날 집에 갔는데 밤이 되어도 동네 친구들이 한 명도 안 보였다. 연합고사 준비 할 시기인데 공부 안 하고 어디들 갔는지 궁금했다. 나중에 알고 보니 친구들이 모두 자전거 몰고 아랫동네에 여학생들 만나러 갔다는 것이다. 나는 기가 막혔다.

다음 날 친구들을 불러 모았다. 모두 앉혀놓고 목소리를 높였다.

"이놈의 새끼들아. 연합고사 공부해야 될 놈들이 어디 여학생을 만나고 그런 정신머리 없는 짓을 하냐?

듣고 있던 친구들 중 한두 명이 발칵하며 되받아쳤다.

"니가 뭔디 우리한테 이래라 저래라냐?"

나는 물러나지 않았다. 아직도 정신을 못 차리는 것 같아 친구들을 한두 대 쥐어박았다. 지금 같으면 큰 싸움이 일어날 수도 있었겠지만 그때 우리 친구들은 내 진심을 알았던 것 같다. 더 이상 화내지 않고 조용해 내 말을 들어줬다.

"여자친구 만나고 싶고 놀고 싶은 마음이 있겠지만 지금은 공부할 때 아니냐. 연합고사 잘 봐서 광주에서 같이 학교 다녀야지. 너희들 놀 때 나도 어울려서 놀러 다니면 나는 좋지. 근데 친구가 잘못된 길로 가고 있으면 말려야 진짜 친구 아니냐? 같이 잘 돼야제."

꼭 나 때문은 아니겠지만 그 친구들 모두 연합고사에 합격해 광주에 있는 고등학교로 진학했다. 나와 친구들은 그렇게 서로의 인생을 끌어주고 밀어주는 한 식구 같은 정이 있었다.

지서에 잡혀간 친구들

친구들이 내 말을 들어준 데에는 그럴 만한 사건이 있었기 때문이다. 언젠가 또 집에 내려왔더니 친구랑 후배애들 7~8명이 지서에 잡혀 있다고 하는 것이다. 자기들끼리 산 너머로 놀러가 수박서리를 하다가 밭 주인한테 들켰다고 한다. 한창 크는 애들이 한 일이니 어느 정도 봐줄 만한데 그 수박밭 주인이 관용 없이 지서에 신고를 한 모양이다.

나는 친구들이 잡혀 있는 지서로 한달음에 달려갔다. 경찰 앞에 가서 애들이 모르고 그런 것이니 한번만 용서해 달라고 빌었다. 어디서 그런 배짱이 생겼는지 모르겠지만 그때는 친구들을 데리고 와야 한다는 생각밖에 없었다.

용서를 받고 싶으면 수박밭 주인에게 가서 돈 물어주고 용서도 받아오라고 했다. 나는 친구들에게 수박밭 주인에게 가자고 했다. 몇몇 애들은 도망만 가고 싶어했다. 따라가기만 했을 뿐 서리는 안 했다고 발 빼는 친구도 있었다.

"야. 그러지 말어. 나는 안 했다고 도망다니믄 그것이 없어지냐? 다시 안 그러면 되제. 잘못한 거 있으면 과감하게 용서를 비는 것도 용기여."

나는 친구들을 데리고 앞장서 갔다. 밤중에 산 넘어 수박밭 주인을 만났다. 수박밭 주인 앞에서 바로 무릎을 꿇었다.

"애들이 그런 것을 너무 심하게 하지 마시고 좀 용서해주십시오."
"니가 누군디 용서해주라 마라여?"
"제 아버지가 윤자 수자 쓰시는데요. 친구들이 다시는 안 그런다고 하니까 한번만 용서해 주십시오."
"니가 김윤수 선생님 아들이여?"
"예."

아버지 이름을 들은 수박밭 주인은 우리를 용서해주었다. 나중에 들으니 아버지에게 빚진 것이 있었다고 한다. 어릴 시절부터 이런 일이 종종 있었다. 지금 같으면 오지랖도 태평양이라며 네 일 아니면 나서지 말라고 핀잔을 들었을 것

이다. 친구들도 뭔 저런 놈이 있
냐며 싫어했을 수도 있겠지만 그
때의 나는 그렇게 했다.

너는 잘 먹고 잘 살아서

내 체구는 작았지만 힘은 센 편
이었다. 그래서 싸움하는 데 밀리
지 않았다. 어느 날 친한 친구하고
싸운 일이 있었다. 덩치는 나보다
컸지만 친구가 나한테 맞았다.

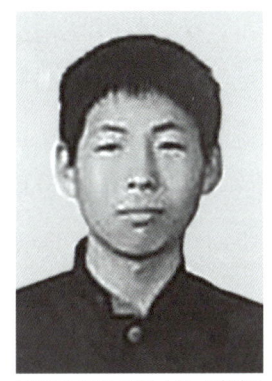

금호고 졸업사진. 나는 아버지가 물려준 인생 말고 내 인생을 새로 만들어 보고 싶었다.

친구 아버지가 얼굴이 부르튼 친구를 데리고 우리 집으로
오시더니 나를 보고 말씀하셨다.

"너는 느그 아버지 덕에 쌀밥에 고깃국 먹고 커서 기운
이 센께 우리 아들을 이렇게 때렸냐? 못 먹고 키운 내 자식
을?"

중학교 때 들었던 그 말은 내게 큰 상처를 남겼다. 실제로
가슴에 통증이 느껴졌다. 혼이 나갈 정도로 충격을 받아 그
날 저녁에 거의 잠을 못 잤다.

친구들끼리 놀다가 투닥거리는 일은 흔한 일이다. 그래서 보통 때처럼 '왜 싸웠냐 친구들끼리 싸우는 거 아니다. 얼른 화해해라.'는 말이 나올 줄 알았다. 그런데 '잘 먹고 잘 산다고 약한 사람을 함부로 때려도 되는 거냐?'는 말을 듣게 되다니. 생각지도 못했다.

내가 쌀밥을 먹는 것은 내 인생이 아니고 아버지 인생 때문인데 사람들은 나를 금수저로 바라봤고 이번 싸움은 금수저가 흙수저를 때리고 괴롭힌 사건이 되었다. 평상시 조부모님께 나누고 살아라, 함께 살아라는 말을 귀에 못이 박히도록 들으며 가진 자가 못 가진 자를 괴롭히는 것을 죄악이라 배우며 자랐는데, 나도 모르는 사이 내가 '못 가진 자를 괴롭힌 죄인'이 된 것이다.

'사람은 태어날 때부터 계급이 있구나.'

그 사건이 내게 남긴 깨달음이었다. 그 뒤로 나는 가진 것과 못 가진 것에 대해 심각하게 고민하게 되었다. 아무리 친한 친구여도 계급이 사라지지 않으면 진정한 친교는 맺기 어렵다고 생각했다. 진정한 친교는 서로의 처지와 계급과 신분을 뛰어넘어야 가능한 거였다.

다음 날 그 친구에게 가서 미안하다 화해하자 손을 내밀었다. 그 뒤로 우리는 더 친해졌지만 지금도 친구 아버지가 했던 말이 잊히지 않는다.

나는 아버지가 물려준 인생 말고 내 인생을 새로 만들어 보고 싶었다. 그것이 내가 어린 시절 어렴풋이나마 사회 변혁의 필요성을 느꼈던 첫 사건이었다. 나는 가난한 자, 부자인 자, 높은 자, 낮은 자가 없는 사회에서 아버지의 자식이 아닌 그냥 나 자신으로 다른 사람들과 만나고 싶었다.

해가 지면 불안이 스며들고

아버지는 2014년 세월호 사건 터지고 일주일만에 일흔여덟의 나이로 생을 마치셨다. 중환자실에 3주 있다 돌아가셨는데 술을 너무 많이 드셔서 간도 신장도 망가져 있었다. 아버지에게는 고쳐지지 않는 고질병이 있었다. 바로 술이었다. 아버지는 거의 매일 술을 잡수셨다. 술이 한번 들어가면 정신을 놓을 때까지 드셨다.

집안에 대소사가 있으면 당숙들과 술을 드시고 당신 기분에 취해 온갖 실수를 하셨다. 당숙들은 기분이 상해서 돌아가고 할머니와 어머니는 뒷수습을 하느라 진땀을 뺐다. 온 집안이 뒤숭숭한데도 다음 날 술이 깬 아버지는 내가 언제 그랬냐며 전혀 기억을 못 하셨다.

이런 일들이 자꾸 반복되니 할머니 어머니는 상시적인 불안 상태로 살아야 했다. 퇴근시간이 지나도 아버지가 귀가하지 않으면 할머니 어머니의 불안증이 심해졌다. 할머니는 문고리를 잡고 잠을 안 주무시며 아버지를 기다렸다. 어머니는 술이 취한 아버지가 넘어지기라도 할까 봐 나를 데리고 마을 밖까지 마중을 나가셨다. 캄캄한 밤길을 걸어 거의 매일 아버지를 모시러 나갔다. 초등학교 시절 아침에는 등교하고 밤에는 아버지 모시러 가느라 학교를 두 번씩 다녔다.

어머니 손을 잡고 한참을 기다리고 있으면 저쪽 멀리서 술에 거나하게 취한 아버지가 휘청휘청 걸어오시는 게 보였다. 어머니와 나는 이성이 없는 아버지를 부축하느라 쩔쩔 맸다. 술이 취한 아버지는 한 소리 또 하고 한 소리 또 하고 같은 말을 반복했다. 몇 시간이 지나서 당신 기운이 빠질대로 빠져야 잠자리에 들었다.

할머니 어머니의 불안이 그대로 내게 옮겨왔다. 내가 좋아하는 할머니 어머니가 힘들어 하는 모습을 보는 게 고통스러웠다. 아버지의 목소리가 높아지고 다툼이 생겼다. 가정의 평화가 깨지는 게 너무 싫었고 아무것도 할 수 없는 현실이 무기력하고 우울했다. 아버지에 대한 반감이 생겼다.

가난해도 좋으니 술 안 잡수는 아버지였으면 좋겠다는 생각까지 들었다.

나는 해 질 무렵을 싫어하는 아이가 됐다. 해 질 무렵이 되면 아버지가 또 술을 드실까 봐 가슴이 두근거리기 시작했다. 배구대회가 있으면 오늘도 또 술 드시겠네 불안했고 저녁 8시에 안 오시면 오늘 또 집안이 시끌시끌하겠다고 생각하니 갑갑했다. 초등학생 때 생긴 불안과 우울이 중학생이 되면서 점점 커져갔다. 청소년기에 10년 넘게 지속적이고 상습적인 불안에 노출된 내 정서는 걷잡을 수 없이 무너졌다.

불안하면 손에 아무것도 잡히지 않고 강박성 장애와 같은 심각한 상황까지 갈 수 있다. 나는 더 이상 책에 집중하거나 공부에 몰입할 수가 없었다. 내가 없으면 할머니 어머니가 더 힘들어지실 것 같아 나라도 옆에 있어드리고 싶었다. 할머니 어머니만 두고 광주에 있는 고등학교에 가고 싶지 않았다. 어른들은 무슨 소리냐며 광주로 가서 공부 열심히 하라고 말씀하셨다.

학생들의 학습 결손이 심리적 안정과 깊은 관계가 있다는 것을 경험으로 알게 되었다. 심리적 안정은 돈이 많고 삼시 세끼를 먹여준다고 해서 생기는 게 아니다. 의견소통도 잘

되어야 하고 갈등도 없어야 한다. 마음이 평안하고 분위기가 평화로워야 비로소 안정이 되는 것이다.

심리적 안정을 위해서는 가정의 평화가 무엇보다 중요하다. 가정의 평화를 지키기 위해 부모는 부모 역할에, 자녀는 자녀 역할에 충실해야 한다. 자식의 평화를 해치는 부모는 부모 역할을 다했다 할 수 없다. 우리는 가정의 평화, 공동체의 평화, 국가의 평화를 깨치는 사람이 되지 않기 위해 부단히 노력해야 한다.

아버지는 갈수록 술을 더 드셨다. 말년에는 아침에 일어나면서 술병을 잡으셨다. 내 인생의 슬픔은 아버지의 술로 인한 불안과 우울이었다. 이 불안과 우울 때문에 생각이 많은 사람이 되었고 종교를 갖게 되었다.

교직에 근무하면서 가정환경이나 정서불안으로 인해 학습결손을 겪는 학생들을 많이 봐왔다. 학생의 심리와 가정환경에 대한 심층적인 분석이 선행되지 않으면 학습지도와 생활지도가 불가능하다는 것을 나는 잘 알고 있다.

책상에 엎어져 있는 학생

1979년 광주 금호고등학교에 입학한 나는 좀처럼 공부에 집중할 수가 없었다. 함평집이 걱정되어 불안증세가 왔고 아무것도 손에 잡히지 않았다. 중학교 때는 전교 1, 2등을 하다가 고교입학고사에 전교 18등으로 들어갔다. 나는 내 등수를 받아들이기 어려웠다. 나 졸업할 때 우리 금호고에서 재수 빼고 현역만 서울대에 25명이 들어갔으니 공부를 잘 하는 학생이 많은 학교였다. 그런 곳에서 성적을 올리려면 다른 사람보다 더 공부에 집중해야 하는데 그럴 수 없었다. 마음이 안정되지 않았다.

수업을 이해하는 수준은 높았다고 생각한다. 특히 물리 같은 과목을 좋아했기 때문에 복잡한 수학이나 과학을 이해하는 데 어려움은 없었다. 그런데 공부는 이해만으로 되는 게 아니다. 반복적으로 외워야 성적을 올릴 수 있다. 나는 고등학교 1학년 때 책을 다 찢어버렸다. 다 귀찮았다. 3년 동안 교과서 한 권 없이 학교에 다녔다.

수업시간이나 자율학습 시간에 주로 책상에 엎어져 있었다. 처음에는 선생님들이 일어나라고 하셨지만 3년 내내 그러고 있으니 뭔 이유가 있겠지 싶었는지 가만히 두셨다. 사고를 치거나 수업을 방해하는 것은 아니어서 그냥 봐주셨던 것 같다. 엎어져 있었지만 귀는 열려 있으니 수업내용이 다 들렸다. 내가 좋아하는 과학이나 물리수업은 귀를 쫑긋하고 들었다. 흥미로운 내용이 나오면 몸을 일으키기도 했다.

고교 3년간 거의 공부는 안 하고 맨날 집 근처에 있는 만화방에 다녔다. 만화방에 있는 책을 다 읽어버리고 더 이상 읽을 것이 없을 때는 신간 서적을 기다리느라 만화방에 갔다. 아침이 되면 학교에 가서 수업 내내 엎어져 있다가 자율학습시간이 되면 학교 근처 어린이대공원에 가서 친구들하고 어울려 놀다가 늦게 들어왔다.

나는 너무 힘들고 괴롭고 학교도 그만두고 집에만 있고 싶었다. 나라도 없으면 할머니 어머니가 얼마나 힘들까 이 생각만 들고 도무지 집안 생각에 아무것에도 집중할 수가 없었다. 실제로 그만두려도 했다.

이런 생활이 오래되니 극단적인 데까지 생각이 이어졌다. 살기가 힘들었다. 이대로 살아갈 수 있을까 하는 회의가 들었다. 강박과 불안은 나를 병들게 했다. 이런 병에서 나를 구해준 사람들이 있었다. 바로 친구들이다.

나는 워낙 친구들을 좋아했다. 친구들은 선생 아들에 공부도 꽤나 하면서 부족함 없이 자랐던 내가 마음을 잡지 못하고 방황하는 걸 이해하지 못했다. 왜 그러냐고 물었다. 그런데 내가 설명을 해도 이해를 하지 못하는 거 같았다.

집에 형이랑은 있기 싫고 오갈 데 없이 헤매다가 결국 친구네 자취방을 찾아갔다. 친구들은 별말 없이 나를 방 안으로 들이고 밥을 차려줬다. 밥을 차려주면서도 반찬도 없는 보리밥을 줘서 미안하다고 했다. 나는 나를 받아준 것만도 고마웠다.

인생의 지침이 돌아가고

1980년 고등학교 2학년이 되었다. 나는 여전히 책상에 엎어져 있는 학생이었다. 그러다 5월이 되었다. 큰형하고 전남대 정문에서 자취하고 있었는데 대학생들의 시위로 날마다 최루탄 냄새를 맡아야 했다. 대학생이던 형과 친구들이 운동권은 아니었지만 시국에 대해 여러 이야기를 나눴다. 나는 옆에서 그 이야기들을 들었다.

5월 18일은 일요일이었다. 여느 때처럼 함평집에 가서 쌀이랑 반찬을 들고 돌아오는데 MBC가 불탔다는 소식이 들려왔다. 다음 날 학교에 갔는데 하루 종일 뒤숭숭했다. 계엄군이 들어와서 시민들을 죽였다는 소리도 들렸다. 6시 무렵에 담임선생님이 말씀하셨다.

"금남로에 집 있는 사람 손들어 봐라. 오늘은 집에 들어가지 말고 학교 근처에 있는 친구집에서 자도록 해라. 지금 계엄령이 내렸고 금남로에 공부수대가 들어와서 시민들을 잡아간다고 한다. 거기는 위험하니 절대 가지 말고 친구들과 안전한 곳에 있어라."

　다른 곳도 마찬가지였겠지만 우리 학교에도 정권에 비판적인 선생님들이 상당히 계셨다. 평소에도 전두환 정권이 뭔 일을 저지를지 모른다, 나라가 한 치 앞이 안 보인다, 민주주의가 크게 위협받고 있다는 이야기를 자주 해주셨다. 영어선생님은 〈뉴스타임즈〉에 실린 한국 관련 기사를 보여주면서 정권이 부당하게 언론 통제를 하는 실상을 알려주셨다.

　나는 집에 바로 돌아가지 않고 금남로로 갔다. 겁도 났지만 어떤 상황인지 눈으로 보고 싶은 맘이 컸다. 사람들이 모여 있는 곳에 가서 기웃거리거나 버스나 트럭들이 가면서 나눠준 김밥이나 주먹밥을 받아먹기도 했다. 여리여리한 체구여서 그랬는지 나를 의심하거나 위협을 가하는 사람은 없었다. 나중에 알고 보니 내가 금남로로 나간 시간에는 전남대와 시외버스터미널, 임동에서 시위가 격해지고 있던 때였다.

　20일부터 학교에 가지 않고 집에 있었다. 동네 사람들이 골목마다 삼삼오오 모여 이야기를 나누고 있었다. 이웃들끼리 안부를 묻고 토닥여주면서 불안했지만 평온했다. 아침이 되면 동네 사람들 얼굴을 보는 게 위안이 되었다.

　사태는 갈수록 심각해졌다. 많은 사람이 무차별 연행됐고 무자비하게 맞았고 목숨을 잃었다. 시위군중을 향해 집단발포가 일어났다고 했다. 적에게 쏘아야 할 총을 시민에게 쏘았다는 것이다. 시민들은 목숨을 지키기 위해 아세아자동차 공장으로 달려가 장갑차와 트럭을 끌고 나왔다.

　확실하지 않지만 21일이었던 것으로 기억한다. 동네 사람들이 각자의 집 옥상에 올라가 전남대에서 일어나는 시위를 보고 있었다. 전대 정문쪽에 계엄군이 있었고 시위대는 맞은편에 대치하고 있었으며 시위대 앞줄에는 시민장갑차가 서 있었다. 계엄군에 밀린 시위대가 전대 사거리 쪽으로 후퇴하자 장갑차도 시위대를 따라 후진했다. 주변에 사람들이 다칠까 봐 속력을 못 내고 있던 장갑차는 뒤에 있던 굴다리를 피하지 못하고 기둥에 부딪히게 된다. 달려오던 군인들이 장갑차 뚜껑을 열었다. 최루탄을 던지니 장갑차 안에서 다섯 사람 정도가 뛰쳐나왔다. 그중 두 사람이 우리 동네 벽돌공장 쪽으로 도망을 왔다.

　동네 사람들은 두 사람을 보면서 발을 동동 굴렀다. 도망가라고 소리치는 사람도 있었고 군인들에게 욕하는 사람도 있었다. 두 사람은 벽돌공장 안으로 들어갔다. 군인들도 따라 들어갔다. 벽돌공장을 주시했지만 한참 동안 움직임이 없었다. 제발 잡히지 않았기를 속이 바싹바싹 탔다.

조금 있다가 군인들이 두 사람의 다리를 잡아 끌고 나왔다. 머리는 질질 끌리며 흔들리다가 울퉁불퉁한 바닥에서 통통 튀었다. 손은 만세를 부르듯 위로 뻗쳤다. 시신이었다. 동네 분들이 옥상에서 울부짖으며 절규했다. 군인들이 우리 쪽을 향해 최루탄을 마구 쏘았다. 시신을 끌고 가던 군인들이 고개를 돌리더니 우리 쪽을 보고 소리쳤다.

"마, 너희들 안 들어가나?"

자취집 옥상에서 보았던 광경, 들었던 말, 질질 끌려가던 두 사람, 사투리가 섞인 그 말이 아직도 눈에 보이고 귀에 선명하다. 나는 피가 거꾸로 솟는 것이 어떤 것인지 알게 되었다.

함평에서 광주까지

아들 셋을 광주에 둔 어머니는 거의 뜬눈으로 밤을 새셨다. 아들들 소식도 모르고 차편도 없어 애를 끓이던 어머니는 초파일을 지내고 함평에서 광주까지 걸어서 올라오셨다. 생각지도 못한 상황에 어머니를 보니 눈물이 왈칵 났다. 어머니는 나와 형들에게 집으로 가자고 간곡하게 호소했다. 어찌나 사정사정 하시는지 도저히 따라가지 않고는 배길 수가 없었다. 할 수 없이 어머니를 따라 함평집까지 걸어서 돌아왔다.

나는 국방과학기술자가 되고 싶었다. 초등학교 때부터 전쟁 이야기를 많이 들었고 앞으로 전쟁은 무기가 결정한다고 생각했다. 어릴 때 봤던 청소년 잡지에서 과학기술에 대한 이야기를 접하면 사람이 아닌 로봇이 전쟁에 나가 승리하는 걸 상상했다. 나중에 크면 군인 중에서도 최첨단 비행기나 전투기를 만드는 국방과학자가 되고 싶었다.

5·18 이후 군인에 대한 환상이 사라졌다. 한 달 뒤쯤 광주로 다시 돌아왔을 때 친구들끼리 앉아서 자신의 목격담들을 이야기했다. 나뿐만 아니라 친구들도 공수부대의 만행을 이야기하며 몸을 떨었다. 내가 선망했던 군인이 시민을 죽이는 존재가 될 수도 있다니. 대한민국에서 군인이 되면 안 되겠다는 생각을 하게 됐다. 국방과학기술자의 꿈을 접었다.

고등학교 2학년 때 겪은 5·18은 내 인생의 방향을 돌려놓았다. 하나뿐인 목숨을 걸고 부당한 탄압에 항거했던 광주 사람들을 보며 권력을 향한 인간들의 투쟁에 관심을 갖게 되었다. 어릴 적에 읽었던 위인전기가 떠올랐고 특히 독립운동가의 전기가 떠오르면서 나도 모르게 그런 삶을 살아야 한다고 생각했다. 운동가들이 위대해 보였다. 이런 생각이 이어져 대학에서 자연스럽게 학생운동에 뛰어들게 되었다. 80년에 대학생이던 형 친구들의 이야기를 들으면서 나도 대학에 가면 데모를 하겠구나 직감했다.

그 시대에는 나뿐만 아니라 같이 학교를 다닌 친구들 대부분이 대학에 가서 학생운동을 했다. 전대나 조대뿐만 아니라 서울로 대학을 간 친구들도 대부분 학생운동에 뛰어들었다. 조선대에 다니다 의문사한 이철규 열사가 기억에 남아 있다. 철규는 고등학교 3년 내내 같은 반이었다. 나도 말수가 없는 우울한 학생이었는데 철규도 나만큼이나 말수가 없는 친구였다. 고등학교 때 말 한마디 제대로 나눠 보지 못했는데 대학 가서 화염병을 들고 시위현장에서 만났다. 너나 나나 시대 잘못 만나서 고생이 많다 뭐 대충 이런 의미의 눈인사를 교환하며 헤어졌는데 그것이 철규와 마지막 인사가 될 줄 몰랐다.

5·18을 계기로 학생운동이 폭발적으로 커졌다. 5·18은 다시는 일어나지 않아야 할 시대의 아픔이기도 하지만 수많은 청년들이 민주주의에 헌신하는 삶을 살게 된 계기가 되었다. 5·18은 대한민국 민주주의의 역사 그 자체였다.

선생 자식이 선생 하는 것이 최고

5·18이 끝나고 나서 다시 책상에 엎어져 있는 학생이 됐다. 국방과학자가 될 꿈이 사라지니 수업이 더 의미 없게 느껴졌다. 시간이 지나 3학년이 되었지만 한번 놔버린 공부 습관이 쉽사리 잡히지가 않았다. 어쨌든 대학은 가야 하니 공부를 하긴 해야 하는데 내가 한 공부라곤 책상에 엎어진 채로 선생님 말씀을 듣는 거밖에 없었다. 엎어져 있어도 말은 들렸다. 영수는 단번에 성적이 오르지 않으니 과학하고 암기과목 중심으로 수업을 열심히 들었다. 10시에 자율학습이 끝나면 고3인데도 만화방에 가서 무협지를 읽으며 시간을 보냈다.

그때는 학원을 다니거나 과외를 받거나 밤새고 공부하지 않아도, 학교 수업만 잘 받아도 전대 조대는 갈 수 있었던 것 같다. 국립대 나와서 열심히 하면 다 취직이 되던 시기였기 때문에 유명대학이 아닌 바에야 굳이 서울로 대학을 가야 할 이유가 없었다. 한 반이 60명에서 65명 정도 되었는데 그중 10등 내외만 되면 국립대에 진학할 수 있었다. 지금처럼 대학 서열화라든가 지방대 소외라든가 하는 것이 심하지 않았고 지방대를 나와도 직장 잡고 살아갈 수 있었으며 군대 갔다 졸업을 하면 나름대로 대기업에도 취직이 되던 시대였다. 그러니 대학 좋은 데 가려고 아등바등하지 않아도 되었다.

20대 때 사진. 5·18은 수많은 청년들이 민주주의에 헌신하는 삶을 살게 된 계기가 되었다.

    2주에 한번씩은 시골에 내려가 반찬을 가져왔다. 어머니가 바리바리 싸주신 반찬을 들고 대인동 터미널에 내리면 터미널 뒤 지하도 옆에 포장마차가 보였다. 배도 고프고 마음도 헛헛해서 포장마차에 들어갔다. 시골에 갈 때마다 아버지 과음으로 시달리는 할머니 어머니 때문에 마음이 몹시 심란했다. 혼자 앉아 국수를 시켜 먹고 있으면 옆에 앉아 있던 아저씨들이 소주를 권하며 한잔하라고 했다. 교복을 입지 않았으니 아저씨들은 내가 고등학생인 줄 몰랐다. 내 외모를 보고 40대로 여겼다. 나이 들어 보이는 외모 덕을 그런 곳에서 보게 될 줄이야. 그 아저씨들하고 어울리면 심란하고 불안한 내 처지가 잠시 잊혀졌다.

원서 쓸 때가 되니까 아버지가 전대 사범대 써서 접수하라고 둘째형에게 지시했다. 접수하고 나서야 사범대에 원서를 넣었다는 말을 듣고 뭐 그런가 보다 하고 말았다. 아무리 아버지가 교사라지만 삼형제 대학 등록금을 대는 게 쉽지 않았을 것이다. 사범대 학비가 그나마 좀 쌌고 또 선생 자식이 선생 하는 게 최고라고 말씀들 하셔서 아버지가 하자는 대로 따랐다. 그때는 계열별 모집이라 이학교육계열로 들어가고 2학년 때 전공을 선택했다.

당시 국립 사대는 졸업과 동시에 발령이 나는 의무 발령 세대였다. 나는 운 좋게도 전남대 사범대에 입학했다. 5·18이 일어난 지 2년 후이기도 해서 학생운동을 하는 사범대 선배들이 많았다. 입학식을 하기도 전에 서클에 가입하라는 권유를 받고 자연스럽게 서클에 가입하게 됐다.

살아 있는 물고기는
물살을 거슬러 오르고

이 새끼 또 왔네

1982년 전남대 사범대에 입학하자마자 선배들의 권유로 교양외국어반이란 지하서클에 들어가 사회과학 공부를 하기 시작했다. 당시 정권이 금서로 지정한 『전환시대의 논리』, 『해방전후사의 인식』, 『페다고지』, 『철학에세이』 같은 책들을 읽었다. 학생운동 조직에서 만든 학생운동의 전망 같은 유인물이나 팸플릿들도 많이 보았다.

수업은 뒷전이었고 어떻게 하면 경찰들의 탄압을 뚫고 전두환 독재 타도를 외치며 가두로 나갈 것인가, 어떻게 하면 학생 대중을 대규모로 이끌고 시민과 결합할 것인가, 이런 것만 연구했다. 밤에는 전대 상대 뒤에서 술을 마셨다. 친구들과 함께 있으면 두려움을 견딜 수 있었다. 어둡기만 한 우리 사회의 미래도 조금은 밝아지는 것 같았다.

내가 기억하는 첫 번째 시위는 박관현 열사가 돌아셨을 때다. 전대 법대 78학번이던 박관현은 광주 지역 최초의 노동야학인 들불야학에 참여했으며 5·18 당시 전남대 총학생회장이었다. 광주민주화운동을 주도하던 박관현은 1982년 검거되었고 교도소 내 인권 수호와 차별 철폐를 위해 단식을 하다 숨을 거두고 말았다. 박관현 열사에 대해 제대로 알지 못했지만 전대에서 문화동에 있는 광주교도소까지 한달음에 달려가 사인규명을 외치며 격렬하게 싸웠다. 당시는 전남대 전체가 비상이어서 수천 명의 학생과 시민들이 뛰쳐나와 대규모 시위대를 이뤘다.

2학년이 되면서 학생운동 방법이 조금 바뀌었다. 기존의 서클 체제에서 벗어나 대중적인 학생 조직으로 들어가자는 움직임이 있어 모든 학과 내에 학회라는 조직을 만들고 일반 학생들도 손쉽게 학생운동에 참여하도록 했다. 소수의 이념 서클 중심의 학생운동 조직을 학회라는 학과 중심의 학생운동 조직으로 전환한 것이다. 당시 82학번이나 83학번은 고등학교 때 5·18을 같이 겪은 세대였기 때문에 학생운동에 참여하는 학생수가 폭발적으로 늘었다. 그래서 좀 더 광범위하고 대중적인 학생운동 조직이 필요했다.

우리 학번은 학과 중심 학생운동 시대의 첫 문을 여는 학번이었다. 나는 사범대에서 교육연구회라는 이념 서클을 담당하게 되었다. 교육연구회는 주로 학회에서 쓸 학습자료를 만들었다. 교육연구회를 중심으로 각 학회를 지원하는 활동을 하다가 3학년 때 서클연합회 결성을 주도하게 된다.

그 당시는 학교 안에 천여 명 가량의 사복경찰과 정보요원들이 들어와 학생들의 일거수일투족을 감시하고 산발적으로 일어나는 데모를 초동진압했다. 4·19나 5·18이 되면 시위 주동자가 도서관이나 학생식당 앞에서 유인물을 뿌리면서 '나 태어나 이 강산에~'로 시작하는 투사의 노래를 부른다. 그러면 순식간에 대열이 만들어졌고 오백 명이었던 대열이 천 명 이천 명으로 늘어난다. 전남대 같은 경우는 일순간에 숫자가 붙어버리기 때문에 초동진압을 하지 않으면 시위를 막지 못한다. 그래서 점심시간이 되면 도서관 앞에 사복경찰들이 수백 명씩 깔린다.

주동자가 뜨면 그 주동자를 보호하는 학생 7~8명이 함께 뜬다. 주동자가 유인물을 뿌리면서 확성기를 대고 구호를 외치면 주변에 있던 사복경찰들이 순식간에 주동자를 낚아채 연행해 버린다. 우리는 학생들이 대열을 이룰 때까지 시간을 벌기 위해 몸싸움도 하고 온갖 방법을 다 사용했다. 주동자가 시간을 벌기 위해 옥상에서 밧줄을 타고 내려오다가 다치기도 했다. 그러면서 무수히 많은 선배들이 잡혀갔다.

주동자가 잡혀가더라도 남은 학생들이 스크럼을 짜고 시위를 이어나갔다. 사복경찰들은 사과탄을 던지며 달려들었고 우리들은 잡히지 않으려고 건물로 들어가 바리케이드를 치고 저항했다. 사복경찰이 몇 명씩 달라붙어 학생 한 명 한 명을 끌어냈다. 나는 마지막까지 남아 끝까지 버티다가 끝내는 잡혀갔다.

나는 시위가 있을 때마다 잡혀갔던 것 같다. "너는 어째서 데모할 때마다 잡히냐?"는 소리를 많이 들었다. 처음 잡혀갔을 때는 적당히 거짓말을 둘러대며 빠져나왔는데 두 번 세 번 잡혀가니까 "이 새끼 또 왔네."하며 얼굴을 알아보는 통에 거짓말이 통하지 않았다. 경찰들은 내게 "그러다가 너 징역가겠다."는 말을 하곤 했다.

나는 1학년 때 서부경찰서에 5번이나 잡혀 들어갔다. 2학년 때부터는 예비검속 대상이 되어 감시를 받았다. 시위를 주동할 만한 사람을 미리 찍어놨다가 4·19 기념일 같은 날이 되면 그 사람을 잡아다 일정 기간이 끝날 때까지 가둬놓는 것이다. 나는 함평 버스터미널에서 잡혀 여관방에서 형사들하고 같이 살거나 속옷만 입은 채 혼자 갇혀 있었다.

돌아온 탕자

1학년 때 서부경찰서를 몇 번 들락날락하며 훈방 조치를 당하고 보니까 겁이 더럭 났다. 학교도 못 마치고 선배들처럼 징역을 가게 될 것 같았다. 2학년 올라가면서 일부러 서클을 피해 다녔다. 그러다가 한 선배에게 학도호국단 간부 활동을 제안받았다.

당시는 학생자치기구인 학생회의 정식 명칭이 학도호국단이었다. 학도호국단장은 지금 말하자면 학생회장의 역할이었는데 군대에 소대장 중대장이 있는 것처럼 국가의 통제를 받는 학생장이라 보면 된다. 전남대 학생들은 매년 일정 금액의 학도호국단비를 의무적으로 내야 했다. 학도호국단 임원들은 알음알음으로 결성되고 예산은 방만하게 쓰였다.

서클 사람들과 만나지 않으려고 후문이나 공대 쪽으로 돌아다니면서 학도호국단에서 조용히 지내려고 했는데 어떤 선배가 사회과학 공부를 함께하자고 했다. 사회과학 공부를 하던 어느 날, 그 선배가 레이건 방한 반대 시위를 주도하다가 눈앞에서 잡혀가 버렸다. 어제도 같이 공부했는데 한마디 말도 없이 그런 일을 벌인 것이다.

다시 서클로 돌아가다. 돌아온 탕자처럼 나는 불나방이 되어 돌진했다. 전남대뿐만 아니라 전국의 대학에서 많은 학생들이 구속됐다. 학생 사범으로 전국 교도소가 꽉 차서 더 이상 집어넣을 데가 없을 정도였다.

1984년 정부에서는 학원자율화란 미명하에 제적됐던 학생들을 복학시켜주고 천여 명이 넘던 학내 사복경찰을 필수 인원만 남기고 철수시켰다. 우리는 학원자율화추진위원회, 서클연합회 같은 대중적인 학생자치기구들을 만들게 된다. 나는 다른 선후배들과 함께 서클연합회 결성을 주도했다.

학생자치기구의 회장을 뽑는 선거는 각 학과에서 두 명씩 선거인단을 꾸려서 진행했다. 사범대의 모든 학과에서는 제대로 된 학생자치기구 건립을 위해 학도호국단 단장을 우리 쪽 사람으로 세워야 한다고 의견을 모았다. 그래서 훗날 함평군수를 한 모 선배를 후보로 추대해 당선을 도왔다. 서클연합회와 학도호국단이 힘을 모아 학생 조직을 운영할 수 있게 되었다.

나는 서클연합회 회장을 맡아 학내에 남아 있는 학생사찰 기구들을 철거하기 시작했다. 이른바 CP철거라고 불렸는데, 정권에서 마구잡이로 설치해 학생들의 일거수일투족을 감시했던 경찰지휘소 건물을 뜯어내면서 정권의 폭력을 알리고 불법 학내 사찰에 항의했다. 당시 학내에는 정보기관 형사들이 수십 명 넘게 상주하고 있었다.

示威대학생 첫 除籍

全南大 3명…5명은 정학

【光州＝聯】全南大학교는 1일 지난달29일하오 본부·학생과에 들어가 기물을 파괴하고 책상서랍속에 있던 문서 일부를 탈취한 주동학생 3명을 제적및 자퇴권고후 제적키로 결정하고 5명을 7~10일까지 유기정학키로 정했다.

징계학생 명단은 다음과 같다.

◇제적 = 金容太 (사범대학 물리교육과 3년)

◇자퇴권고후 제적 = 宣大원 (인사대 국어국문학과 4년) 李성권 (인사대 사회학과 3년)

◇유기정학 = 鄭환문 (사범대 국사교육과 3년·7일) 金해주 (사범 대학 생물교육과2년·7일) 金나리 (사범대학 국어교육과 3년·7일) 金환제 (사범대학지구과학 교육과2년·7일) 李태환(인사대 사학과4년·10일)

김용태 제적 기사, 〈중앙일보〉 1986년 6월 1일.
나중에 학적부를 떼어 보니 내 제적 사유가 학생 활동으로 되어 있었다.

5월 용봉축제가 열리게 되자 서클연합회에서 본격적으로 축제를 주도하게 된다. 당시에는 학교에 붙일 대자보를 하루에도 수십 장씩 다 손으로 썼다. 고속인쇄기를 하나 구입하고 싶어 알아봤더니 3천만 원이 넘었다. 용봉축제가 끝나면 인쇄기 하나 마련해 보려고 축제에 적극 결합했는데 학교당국이 학생 자율행사를 막는 최초의 사태가 일어났다. 정부에서 학회나 이념서클로 예산이 들어가는 것을 막으려고 총장을 통해 압력을 넣은 것이다.

우리는 바로 본관 총장실 점거 농성에 들어갔다. 농성을 막는 교수들과 약간의 물리적 충돌도 있었다. 본관 1층에 있는 학생과에는 여전히 사찰요원들이 남아 있어 학생 동향을 감시하고 블랙리스트를 작성했다. 우리가 본관 농성을 시작하니 자신들이 작성한 문서를 급히 빼돌리려고 했다. 우리는 차량을 탈취하고 블랙리스트 일부를 확보했다. 나는 확보한 블랙리스트를 공개했다. 교수회의에서 나를 제적시켰다. 2명은 자퇴권고 후 제적, 5명은 유기정학을 당했다.

뮤지컬 배우가 차려준 밥상

전체 교수회의에서 제적이 결정되고 나서 다음 날 제적 소식을 들었다. 학과 친구들이 너 제적됐다더라고 알려주었다. 우리과 교수님들이 적극 반대했는데 받아들여지지 않았다.

당시 내 제적 사유는 기물 파손과 공문서 탈취였다. 그런데 불법 학생 사찰 건물을 파괴한 것이 기물 파손이 되고 학생 블랙리스트가 공문서가 된다면 이것을 묵인하고 동조한 대학에서도 두고두고 문제가 될 것이었다. 내 제적 사유가 그대로 공식문서에 남는다면 학교 역사에도 오명이었다.

나중에 학적부를 떼어 보니 내 제적 사유가 학생 활동으로 되어 있었다. 학생이 학교에서 학생 활동을 한 것이 제적 당할 일이라니 누가 들어도 말이 안 되는 사유였다.

제적과 동시에 영장이 발부됐다. 강제 징집을 하려고 했던 것이다. 나는 강제 징집을 거부했다. 군대에 가는 것이야 얼마든지 할 수 있는데 처벌할 목적으로 강제 징집을 한다는 건 목숨을 내놓아야 하는 일이었다.

민주화운동단체들은 지도휴학, 강제징집, 녹화사업, 정보제공강요, 의문사로 이어지는 일련의 과정들과 강제징집 후 군대에서 의문사한 6인의 명단을 공개해 온 국민을 경악케 했다. 강제징집은 극악한 학생운동 탄압책이었으며 국방의 의무를 이용한 독재정권의 총칼이었다.

골방에 숨었다. 광주에 있으면 안 될 것 같아 도피선을 찾았다. 후에 남구청장을 한 선배가 복학생협의회 대표였는데 경험이 많은 그를 찾아가 도움을 청했다. 선배는 문병란 선생님 집으로 데려갔다. 그 집에 일주일 있으면서 광주가 아닌 다른 도피처를 물색했다.

한국천주교정의평화위원회 일을 하셨던 선배를 만나러 서울로 올라갔다. 선배는 김대중 내란음모 조작 사건으로 막 석방되어 국회의원이 된 분 집으로 나를 데려갔다. 그분의 아내는 뮤지컬 주인공으로 유명한 분이었다. 내 생애에 뮤지컬 배우가 손수 차려준 밥상을 받고 그분의 노래도 듣게 되다니, 이게 무슨 일인가 싶었다. 그분 매형이 사직동에 집을 사서 개축을 하는 데 서너 달 걸린다고 했다. 거기서 막일을 하며 그해 여름을 났다.

공사가 끝나니 다시 옮길 데를 찾아봐야 했다. 공장에라도 들어가려고 구로공단에서 일하는 시골 친구들을 찾아갔다. 쉽게 취직이 될 줄 알았는데 그게 아니었다. 대우어패럴을 중심으로 대학생들과 노동자들의 연합 시위가 연일 이어졌고 불심검문이 너무 심했다. 불심검문에 걸릴까 봐 공단을 벗어나 근처 대림역으로 갔다.

당장 갈 곳이 마땅찮다고 했더니 선배 한 분이 대림역 근처 반지하 자취방을 소개해줬다. 서울대 공법학과 학생이 낮에는 학교에 다니고 밤에는 집에서 노동자 야학을 하니 거기서 좀 있으라고 했다. 낮에 집에 있다가 저녁에 그 친구가 노동자 친구들과 돌아오면 피해주면서 3개월 정도 머물렀다. 그는 서울대 학생들을 데려와 5·18 관련해서 내 이야기를 들어 보고 싶어했다.

대한민국에서 공부로서는 최고의 실력자였던 그가 노동자들과 함께하는 삶을 살겠다는 걸 보고 상당히 감동했다. 훌륭한 친구라고 생각했다. 나중에 위장취업을 해서 부평지구에서 노동운동을 한다는 소식을 들었다. 요즘의 그를 보면 상상이 잘 안 가지만 그때의 그는 매우 정의로운 학생이었다.

목포교도소의 미결수

1984년 11월이 되었는데 전남대에서 자율화추진위원회를 같이했던 선배들이 제적되었다는 소식을 들었다. 광주에 내려와 이 선배들과 만나 동계투쟁을 계획해 보자고 이야기를 나눴다. 그런데 새벽에 갑자기 급습을 당했다. 선배들을 검거하려고 급습을 했는데 나 같은 피래미가 덤으로 걸려든 것이다.

내가 위반한 것은 병역법이었다. 군입대 신체검사 대상자가 주거지를 이전할 때는 반드시 신고하도록 되어 있는데 학교에서 제적되어 신체검사 대상자가 되었음에도 거주지 이전 신고를 하지 않았다는 것이다. 거주지 이전 신고를 하지 않은 것이 신체검사통지서를 고의로 피하는 행위라고 했다. 참 어이가 없었다. 강제징집을 피해 도피한 사람을 거주지 이전 미신고죄로 잡아가다니. 강제징집은 불법이며 나는 그 불법을 거부하기 위해 주소지를 옮긴 것이지 군대를 안 가려고 옮긴 것이 아니라고 항변했지만 통할 리가 없었다.

목포교도소에 미결수로 세 달 반 동안 있었다. 최종 판결은 벌금형이었다. 85년 봄에 목포교도소에서 나왔다. 잠시 유화정책을 펼쳤던 독재정권이 다시 탄압을 시작하던 때였다. 학생과 노동자를 중심으로 민주화투쟁이 확산됐다. 야당이 총선에서 승리하고 망명했던 김대중이 귀국했으며 구로동맹파업, 대우자동차 노동자파업, 미 문화원 점거농성, 직선제 개헌 요구 등 정국이 빠르게 변화했다. 이 모든 것이 모여 87년 6월 항쟁과 7월 노동자대투쟁의 밑불이 되었다.

월급 8만 원 받는 꼬마
교도소를 나와 다시 군입대를 거부하고 공장으로 향했다.

하남공단에 들어가 보려고 했는데 역시 수배자 신분으로는 할 수 있는 게 없었다. 어쩔 수 없이 다른 사람의 신분을 빌려 취업을 해야 했다. 송암동에서 활동하는 선배의 소개로 송암공단 자동차 정비공장에 도장 노동자로 들어가게 되었다.

처음 들어가니 월급이 8만 원이었다. 달방 월세가 2만 원에서 2만5천 원 하던 때였다. 밥도 제대로 사 먹을 수가 없었다. 아침은 거의 굶고 점심은 회사 구내식당에서 식판밥을 먹고 저녁은 사람들과 만나 대충 때웠다. 원래도 음식을 남기지 않았지만 공장에서 일할 때는 한창 먹을 나이라 두 그릇이 기본이었다. 월급 8만 원 받는 꼬마 생활을 벗어나기 전까지는 항상 배가 고팠다.

고되고 힘든 곳이라 오후 4시가 되면 구내식당에서 소주나 막걸리 한잔하는 것을 허용해줬다. 어떤 때는 차주들이 차 잘 봐달라고 웃돈을 조금씩 주기도 했다. 그 돈으로 부서원들 모두 술 한잔씩 하며 먼지와 페인트 분진을 쓸어낸다고 비계가 절반인 돼지고기를 뭉탱이로 썰어서 먹곤 했다.

지금이야 산업안전보건에 대한 인식이 높아지고 안전용품이 잘 나오지만 당시에는 방진마스크 같은 게 없었고 특히 더운 여름에는 그런 걸 걸치고 일할 상황이 아니어서 유기용제나 분진에 그대로 노출됐다. 젊은 나이에 그런 거 다 들이마시고 술 한잔으로 버텼던 시절이었다. 그 뒤로 한동안 피부 발진이라든가 신경성 질환에 시달렸다. 복학 후에도 그 일을 했기 때문에 교직 초창기 3년은 계속 병원에 다녀야 했다.

  사포질, 마스킹, 장비 청소, 작업장 청소, 차량 청소 등 모든 허드렛일이 시다라고 불리는 내가 할 일이었다. 일은 고됐고 급여는 적었다. 저녁 8시나 9시까지 일을 해도 잔업수당이 없었다. 노동 강도로만 보자면 보조원 월급이 제일 많아야 맞다. 그러나 그곳은 기술이 우대받는 곳이었다. 보조원이 8만 원 받을 때 중간기술자는 30여만 원, 숙련기술자는 60여만 원을 받았다. 보조원 월급이 얼마나 박한지 알 수 있다.

  용접을 할 때는 절대 불꽃을 보면 안 된다. 엄청나게 센 불꽃이 눈을 충혈시켜 눈에 모래를 한 웅큼 집어넣는 것처럼 아프다. 사수가 불꽃을 손으로 가리고 잡으라고 하는데 용접 부위가 잘 안 보이니까 눈을 뜨고 잡게 되었다. 그날 저녁은 잠을 못 자고 떼굴떼굴 구르며 눈물을 펄펄 흘렸다. 가게에 가서 아이스께끼 몇 개 사다가 녹을 때까지 눈에 대고 저녁 내 진정시켰다.

자동차 도장이 주된 업무였지만 용접하는 친구들을 쫓아다니며 용접기술자가 되었다. 나중에 학교에서 내가 용접을 가르칠 줄은 생각지도 못했다. 밥도 제대로 못 먹으며 보조공으로 일하다 보니 급여를 올려야겠다는 생각이 들었다. 기술을 배워 공장을 옮기면 돈이 배로 뛰니까 일 년에 서너 번 회사를 옮기며 기술을 익혔다. 경험과 기술이 쌓일수록 급여가 올랐다. 중간기술자 정도 되면 좀 먹고살 만해지기도 했다.

학생 출신들이 노동현장에 들어오면 금세 신분이 노출되기 쉬운데 나는 워낙 생긴 것부터가 학생처럼 생기지 않았고 말에도 유식한 티가 나지 않아 들키지 않고 길게 근무할 수가 있었다. 나는 노동자보다 더 노동자같이 살았다. 노동운동을 해야겠다는 마음보다 내가 먹고 살아야겠다는 마음으로 열심히 일하고 기술을 배웠다. 3년 만에 작업반장이 되고 우직하게 일 잘한다는 평가도 받았다. 나중에 선생이 되었을 때 송암공단의 동료들은 내가 학생 출신이라는 것을 믿지 못했다. 본명도 내 제자들이 공장에 취업해서 말해준 뒤에야 알게 되었다.

생활이 조금 해결되면서 주변 공장의 노동 형제들과 만나 우리의 삶에 대해 이야기를 나눴다. 노동 형제들을 조직화하였다. 세상일에 둔감해서는 누구도 우리의 삶을 지켜

순천 조계산 장군봉에서.

주지 않으며 깨우친 자만이 자신의 삶을 적극적으로 개선할 수 있다는 것에 공감대를 형성했다. 나중에 사업주가 되었을 때 노동 착취와 이윤 추구를 구별하며 노동과 자본의 관계를 알아야 한다고도 했다. 이런 것들을 모아 현장 노동운동가의 지침서 같은 것도 썼다. 그때는 계급운동이라기 보다 노동자 권익 향상을 위한 활동이 많았다. 못 배우고 가지지 못한 노동 형제들과 함께 자신의 삶의 주인이 되어 보자는 활동이었다.

송암공단의 정비 노동자들을 조직해 정백회라는 모임을 만들었다. 정비사들의 새하얀 모임이라는 뜻이었다. 비록 정비사들이 얼룩 묻은 기름복을 입고 다니지만 우리보다 더

깨끗한 삶은 없다는 자부심이 있었다. 땀 흘려 일하고 그만큼 대가를 받는 노동자가 가장 정당하고 당당한 사람이다 우리는 그렇게 생각했다. 한때 정백회 회원이 50명에 육박했다. 그때 같이했던 사람들이 지금 정비공장 사장도 되고 정비사업조합 이사장 등이 되어 활발히 활동하고 있다.

정백회를 중심으로 노동자대투쟁 때 송암공단에서 대규모 가두시위를 했다. 그러면서 조직이 깨져버렸다. 유인물을 뿌리다 한두 번 잡혀가서 벌금형이나 집행유예형을 받기도 했다. 잠시 자리를 옮겨 남광주 민주청년회를 조직했다. 남광주 민주청년회는 지역의 문제를 청년들 스스로 해결해보려는 지역 청년운동의 시초가 되었다. 학동에서 빈민운동을 하기도 했다.

활동을 하다 보니 위장취업으로 인한 제약이 너무 컸다. 다른 사람의 이름으로는 지속적이고 안정적인 삶을 이어나갈 수 없다고 판단했다.

총에 둘러싸이고

86년쯤이었던 것 같다. 화정동 자연부락으로 이사하게 됐다. 이삿짐을 옮긴 뒤 활동가들 워크숍이 있어 열흘 동안 들어가지 못했다. 짐은 옮겨놓고 사람이 안 들어오니 큰방 아저씨가 내 짐을 뒤졌던 모양이다. 학생운동이나 노동운동 할 때 썼던 문건, 팸플릿, 노동자신문, 사회과학서적 같은 것들이 나오니 아저씨는 나를 간첩이라 생각하고 신고를 했다. 빌려온 신분증도 방에서 발견되었는데 신분증 당사자가 경찰서에 불려가 곤욕을 치른 적이 있다는 사실을 나중에야 듣게 되었다.

집에 돌아오니 담벼락에서 M16소총 20정이 달려나와 나를 에워쌌다. 간첩 잡았다고 동네 사람들이 모두 구경하러 나왔다. 군 병력인지 경찰 병력인지 모를 사람들이 나를 화정파출소로 연행해 갔다. 큰방 아저씨는 1억5천의 포상금을 받을 생각에 부풀어 있었다.

영문을 모른 채 화정파출소에 잡혀 있으니 서부경찰서에서 형사가 나왔다. 봤더니 얼굴이 눈에 익었다. 학생운동 할 때 나를 담당했던 형사였다.

"이이고. 이 새끼. 뭐하러 여기까지 와서 이 모양 이 꼴을 당하냐?"

형사는 동생을 만난 듯 밥을 먹여주고 용돈을 줬다. 학생운동을 하다 잡히면 갇히기도 하고 두드려 맞기도 하지만 그 형사들에게도 다 나만한 조카가 있고 아들도 있을 것이어서 인간적인 관계가 되기도 했다.

　독재정권이 말기에 가까워지면서 학생들을 탄압해야 했던 형사들도 자괴감을 갖고 있었다. 대부분 이 지역에서 학교를 나온 동문이자 선배들이었고 자기 기득권 다 버리고 좋은 세상 만들기 위해 헌신한다는데 그걸 막아야 하는 현실을 한탄했다. 어떤 날은 너 같은 사람도 있어야 세상이 발전하는 거라며 고백하기도 했다.

　"그래도 니 인생 살아야지. 우리가 그런다고 해 볼 수 있겠냐, 계란으로 바위치기지."
　독재정권에서 우리는 모두 피해자였다. 학생운동을 해 본 사람들치고 이런 경험이 없는 사람이 없을 것이다. 당시 학생운동을 한다는 것은 부모형제를 비롯해 나를 아는 모든 사람들을 한탄스럽게 하는 일이었다. 그런 우여곡절을 거쳐 이제는 누구도 독재를 용납하지 않는 시대를 맞이하게 된 것이다.

　몇몇 영웅이 세계에서 알아주는 민주국가 대한민국을 이룩한 게 아니다. 무수히 많은 학생들 노동자들 지식인들 시민들이 한 마음 한 목소리로, 평범하고 위대한 민중의 힘으로 역사의 수레바퀴를 돌려 여기까지 온 것이다. 대한민국이 최고의 민주주의를 만들어가는 것을 직접 보면서 투쟁할 수 있었던 나는 어찌 보면 큰 혜택을 받은 인생이었다. 수도 없이 좌절했지만 진 것 같아도 이기는 싸움이었고 패배해도 좌절하지 않는 사람이 미래를 만들어 간다는 깨달음을 얻는 과정이었다.

사랑은 오렌지다방에서

아내를 처음 만난 것은 1987년 가을이었다. 당시는 송암공단에서 잠시 나와 남광주 민주청년회 활동을 하던 시기였다. 선배 부부가 괜찮은 사람이 있다고 소개해줬다. 전자 부품 생산 공장에서 근무하는 동갑내기 아가씨라고 했다.

소개팅 장소는 금남로 한국은행 뒷골목에 있던 다방이었다. 당시 나는 노동운동 동지들과 나염공장을 만들어 부정선거 몰아내자는 플래카드를 찍어내 시내에 붙이는 작업을 하고 있었다. 옷은 온통 나염잉크에 물들어 있었고 하루 종일 잉크에 절어 살았다.

나는 프랑을 찍다 말고 작업복 차림으로 오토바이를 타고 소개팅 자리에 나갔다. 둘다 노동운동을 하고 있었기에 아내는 그런 차림을 불편해하지 않았다. 강제징집을 피해 도피중이고 미래가 불투명한 나를 이해하고 받아주었다. 아내를 보자마자 처음 가진 감정은 '참하다'였다. 말수가 적은 아내에게 왠지 모르게 정감이 갔다.

　노동운동이라는 같은 길을 가고 있었기에 아내와 나는 말이 잘 통했다. 오전 11시경에 만나 커피 한잔 마시고 시내에 있는 유생촌에서 돈가스를 먹었다. 먹고 나서 동료들과 하는 플래카드 작업실에 한번 가 보겠냐고 물었다. 아내는 선선히 따라 나섰다.

　아내의 고향은 광산구 어등산 밑 장수동 수남촌이다. 4남매 중 막내였는데 오빠들이나 언니와 나이 차이가 많이 나는 막내라고 했다. 아내는 3살 때 아버지가 돌아가셔서 아버지 얼굴도 모르고 자랐다. 어머니 혼자 4남매를 키우셨기 때문에 집안이 몹시 어려웠다. 나중에 아내 집에 한번 가 보고 속으로 적잖이 놀랐던 기억이 있다. 담벼락도 성치 않았고 부엌으로 찬바람이 숭숭 들어왔으며 빗물이 안으로 들이닥치는, 말 그대로 쓰러져가는 초가집에 어머니 혼자 살고 계셨다.

　아내는 언니집에 얹혀 살면서 고등학교에 다녔다. 할 게 공부밖에 없어서 성적이 매우 좋았다고 한다. 어려운 환경에서도 굴하지 않고 아내는 자신이 가고 싶어했던 서울의 대학에 합격했다. 그러나 반지하 단칸방에 사는 큰오빠 집에 갈 수도 없었고 자취할 돈도 마련할 방법이 없어 입학을 포기해야만 했다. 아내는 집으로 내려오는 완행열차 안에서

1991년 3월, 나는 결혼식을 올린 후 송암공단으로 돌아가 일을 하면서 복학을 준비했다.

8시간 내내 울었다고 한다.

  전남대 상대에 좋은 성적으로 입학한 아내는 2년 동안 장학금을 받으며 학교에 다니다가 학생운동조직에 발을 들였다. 왜 상대에 갔냐고 물으니 하도 가난해서 상대에 가면 돈을 잘 벌 줄 알았단다. 아내는 2년 뒤 학교를 그만두고 공장에 취직하며 노동운동에 뛰어들었다. 노조위원장을 하기도 했는데 다니던 회사가 위장폐업을 하자 노동자건강상담소에 들어가 간사로 활동했다.

  너무 가난해서 끼니를 걱정해야 했던 아내는 개인의 성공과 성취에 집착하지 않았다. 자신과 같은 사람들이 함께 잘 사는 사회를 만들겠다고 다니던 대학도 그만두고 노동운동에 뛰어들었다. 나는 풀뿌리같이 살아온 아내를 보며 정말 대단하다고 생각했다. 지금껏 표현을 안 했지만 참 훌륭한 사람이다. 존경받을 만한 성품을 가진 사람이다.

우리는 불타는 연애를 한 것은 아니지만 아내는 변함없이 옆에 있어주는 사람이었다. 누가 먼저랄 것도 없이 우리가 평생 같이 살겠구나 생각했다. 군대 제대하고 우리는 바로 결혼했다.

주경주독

아내를 만나고 나서 군대에 가야겠다고 생각했다. 다른 사람 신분으로 사는 일에 제약이 많았고 지속적인 활동이 어려웠다. 신분의 불안이 삶의 불안으로 이어졌다. 강제징집을 거부한 것이지 군대를 거부한 것이 아니기 때문에 되도록 빨리 국방의 의무를 마치고 내 신분을 찾고 싶었다. 스물일곱에 의정부에 있는 306보충대에 입대하였다. 그러나 다친 손가락 때문에 단기사병으로 복무하게 됐다.

제대하고 6개월 만에 금남로 가톨릭센터에서 조용히 식을 올렸다. 다시 송암공단으로 돌아가 일을 하면서 복학을 준비했다. 제적당한 지 8년만에 물리교육과에 복학했다. 어린 후배들과 공부하게 되었는데 물리라는 학문이 어려워 따라가기 힘들었다. 게다가 결혼해서 애도 있으니 누구한테 손 벌릴 형편이 못 됐다. 택시회사에 취직해 사고난 택시들의 정비와 판금 도장을 하며 돈을 벌었다.

회사에 근무하면서 학과수업도 들어야 했다. 그야말로 주경야독이 아니라 주경주독이었다. 새벽 5시에 일어나 9시까지 회사에서 일하고 10시부터 오후 3시까지 학과수업을 들었다. 오후 3시에 다시 회사로 가 저녁 9시까지 일했다. 2년간 그렇게 살았더니 공부는 공부대로 안 되고 몸은 몸대로 망가졌다.

나는 연구하는 사람, 학문하는 사람이 되고 싶었다. 그래서 물리에 관심이 갔다. 물리는 글자 그대로 사물의 이치를 탐구하는 학문이다. 공부를 하다 보면 주어진 문제의 근본을 찾아보고 싶은 마음이 커져서 진도를 빨리 나가지 못했다. 깊이 있는 공부를 하기에는 시간이 너무 부족했다.

1994년, 입학한 지 10년 만에 간신히 졸업장을 땄다. 물리교사가 되기 위해 임용고사를 봤는데 불합격이었다. 완도에 있는 수산고등학교와 해남의 북평중학교에서 임시교사를 했다. 그러다가 자동차교사 자격증 시험이 있다는 소식을 듣게 되었다. 자동차에는 자신이 있었고 교육학만 공부하면 될 것 같았다. 무난히 시험에 합격해 자동차교사 자격증을 취득하게 되었다.

그리고 나니 운 좋게도 1995년 광주에서 최초로 자동차교사 임용고사를 실시한다는 소식이 들렸다. 광주전자공고에 자동차과를 신설하고 거기서 일할 교사 3명을 모집한다는 것이다. 물리교사를 해야 하나 자동차교사를 해야 하나 고민하다가 열악한 환경에서 어렵게 공부하고 있을 특성화고 학생들과 새로운 삶을 만들어가는 것도 보람있겠다 싶었다.

자동차교사로 임용고사에 합격해 1996년 3월 1일자로 광주전자공고 자동차과에서 정식 교사생활을 시작했다. 공장에서 날마다 분진과 유기화합물에 찌들어 살다가 양복에 넥타이 매고 학생들과 교실에서 살아가는 내 모습이 꿈만 같았다. 교직에 들어온 지 5년만에 국립 사대 졸업생 중 시국사건 관련자를 특별채용 한다는 법이 통과돼 물리교사로 갈 기회가 생겼다. 잠시 흔들렸지만 아이들하고 쌓아온 정이 있어 계속 자동차교사로 남기로 했다.

나는 학생들에게 실제 산업 현장에서 쓸 수 있는 기술을 가르치며 살아 있는 교육을 하고 싶었다. 그러기 위해서는 실제 공장에서 작업하는 듯한 실습교육이 필요했다.

함께 사는 세상 모두 사는 교육

학교에 공장을 열고

마침 학교 내에 실습공장을 차릴 수 있는 제도가 생겼다. 학교기업이라는 제도였다. 학교기업을 세우겠다고 신청해 2억 정도의 지원금을 따냈다. 이 돈으로 학교 안에 2급 정비공장을 차렸다. 전국 최초였다. 10년간 자동차 정비공으로 일하며 내가 학교에 가서 자동차 정비를 가르치면 이렇게 해야겠다는 이상을 갖고 있었는데 그걸 실현하게 됐다.

당시에는 자동차 판금이나 도장 기술을 가진 교사들이 없었기 때문에 숙련된 기술자들을 채용해 공장형 실습체계를 갖췄다. 마이스터급 기술자들을 모셔와 실제 자동차를 수리하는 과정 자체가 수업이 됐다. 수리비도 받았다. 직업교육 선진국의 도제형 마이스터학교를 그때 운영한 것이다. 이런 시스템을 도입하니 학생들의 수업 흥미가 매우 높아졌다.

매 공정을 직접 실습해 보며 자신의 직무적성을 찾았고 자신에게 맞는 분야를 진로로 결정할 수 있게 되었다. 그렇게 12년간 광주전자공고 자동차과를 운영했다.

실습체계를 갖추다 보니 수업이 자연스레 바뀌었다. 강의식 이론 수업에서 학생들 스스로 학습 과제를 고안하고 수행해 보는 프로젝트수업을 시행하게 됐다. 전공별 심화동아리도 운영하게 되었고 전국 기능경기대회에 나갈 대표 학생도 육성했다. 그러다 보니 일찍 퇴근이 어려웠다. 10시 넘어서야 겨우 퇴근을 했다.

프로젝트수업은 교과선생님들이 연대해야 하는 고난도의 협업수업이다. 효과는 좋은데 해 본 경험이 없는 학생들에게 도입이 쉽지 않았다. 조별로 과제를 정하고 그 과제를 해결하는 과정이 수업이 된다. 예를 들어 용접을 배우자는 학습목표를 달성하기 위해 어떤 조는 스카이콩콩을 만들고 어떤 조는 자작자동차를 만든다. 자작자동차를 만들기 위해서는 특수 용접도 필요하고 동력장치, 전달장치 등에 대한 연구도 필요하다. 학생들은 한 학기 내내 한 개의 프로젝트에 매달린다. 프로젝트수업은 어려웠지만 해내기만 하면 효과는 좋았다. 그걸 준비하고 반년 동안 지켜봐줘야 하는 교사 입장에서 매우 피곤하고 힘들 수 있지만 수업에 몰두하는 학생들이 더 생겨났다.

나는 교사가 되자마자 전교조에 가입했다. 5·18 진상규명이나 5월 정신 계승 활동을 전교조 내에서 펼치면서 5·18민주화운동 공교육특별위원회 간사도 맡았다. 5·18민주화운동 공교육특별위원회는 교육청 내 공식기구였으며 5·18 정신을 공교육 안에서 가르치기 위한 인정도서 제작, 5·18 그림글짓기대회 등을 추진했다. 동료 선생님들과 실업교육위원회를 만들어 노동자로 살아가게 될 우리 학생들의 노동인권교육도 시작했다. 5·18정신계승을 위한 활동과 전문계고 학생들의 진로 모색, 그리고 인간다운 삶을 위한 노동인권교육이 당시 내가 펼쳤던 전교조 활동의 중심축이었다.

시험 없이 대학에 가는 방법

광주에서 처음 설치한 것이 또 하나 있다. 바로 취업교육지원센터다. 특성화고 학생들의 진로 모색과 취업 강화를 위해 외부 기관이나 사람들과 연계가 필요했다. 취업지원센터는 학교와 외부를 연결해주는 취업 지원 기관으로 광주에서 시작해 전국적인 모델이 됐다.

학령인구가 감소되고 대학 정원을 못 채우는 상황에서 일반고든 특성화고든 대학이나 기업과 연계 교육이 매우 필요하다. 내신과 수능으로 학생을 선발하는 지금의 입시체제는

5·18정신계승, 전문계고 학생들의 진로 모색, 인간다운 삶을 위한 노동인권교육이 내가 펼쳤던 전교조 활동의 중심축이었다.

조만간 고교와 대학의 무시험 연계 전형으로 대체되지 않을까 조심스럽게 전망한다.

 물론 성적 상위그룹은 입시경쟁을 통해 가고 싶은 대학에 갈 수 있어야 한다. 그러나 입시경쟁이 필요하지 않은 학생들, 가령 학생들의 60% 정도는 시험이 없는 연계과정을 통해 자신이 전공하고 싶은 분야의 대학에 갈 수 있는 방법을 심도 있게 연구할 필요가 있다. 특히 수도권에 비해 열악한 지역의 대학들은 이런 무시험 연계과정이 더욱 필요하다.

고교 3년과 대학 4년을 무시험 전형으로 연계하면 우리 교육에서 가장 문제가 되는 성적으로 줄세우기, 서열화, 무한입시지옥의 폐해를 완화시킬 수 있다. 획일적 주입식교육에서 벗어나 보다 유연하고 탄력적으로 고교과정이 운영될 것이고 학생들은 자신의 특기적성을 찾는 데 집중할 수 있게 된다. 또한 고교 3년간 자신이 원하는 외국어나 예술 같은 분야를 광범위하게 배울 수 있으며 고교는 일반과정으로, 대학은 심화과정으로 자연스럽게 단계화되어 대학에서도 꾸준히 공부하는 분위기를 조성할 수 있다. 고교 때 진로를 결정하는 것이 부담스럽다면 대학 1, 2학년을 교양 위주의 자유과정으로 운영하고 대학 2학년 때 전공 분야를 선택하면 된다.

학교기업과 취업지원센터 등에 힘입어 광주전자공고는 가전·자동차분야 특성화고로 지정되었고, 제44회 전국기능경기대회에서 광주 전문계고 최초로 1위 금탑을 수상하는 쾌거를 이룬다.

딸내미를 업고 산으로 들로

5·18민주화운동 공교육특별위원회 간사로 활동할 무렵

갑상선암이라는 진단을 받았다. 마흔의 나이에, 그것도 남자가 잘 걸리지 않는 희귀한 질환에 걸리다니 하늘이 노래졌다. 암이라는 한 글자가 사람 혼을 나가게 했다.

갑상선을 잘라내는 수술을 하고 외부활동을 접었다. 학교를 마친 뒤 밖으로 나가 산으로 들로 무작정 걸어다녔다. 비가 오나 눈이 오나 도시락 싸서 사람 없는 곳을 찾아 걷고 또 걸었다. 몸이 아프니 사람 만나기가 싫었다. 사람이 다니지 않는 한적한 곳만 찾아다니며 토요일 일요일에도 쉬지 않고 걸었다.

딸내미가 내 산행에 껌딱지처럼 붙어다녔다. 일곱 살밖에 안 된 아이가 산에 가자고 하면 두말없이 따라나섰다. 배낭 위에 업거나 목마를 태웠다. 기운은 팔팔했는데 내가 왜 몹쓸병이 걸렸을까, 내가 뭐 잘못 살았을까 별 생각이 다 들었다. 한밤중에 산을 오르내리면 무섬증이 생길 만도 한데 딸이 있으니 두려움도 몰랐다.

오랜 기간 자동차 정비를 하며 유기용제 중독현상이 있었다. 시너는 벤젠이나 톨루엔 유기화합물인데 산업 재해를 일으키는 물질이기도 했다. 지금처럼 환경 규제가 있는 때가 아니어서 대부분의 노동자들이 시너 냄새 맡으며 페인트 작업을 했고 자동차의 굴곡진 부분을 갉아내서 평탄화하는 퍼티작업도 했다. 먼저 기계로 갈고 미세한 부분은 샌드페이퍼를 대고 손으로 문지르는데 이때 엄청나게 많은 분진이 나온다. 자동차 정비를 하는 10년 동안 무수히 많은 분진과 화학물질에 노출되었을 것이다.

그렇게 3년을 지냈다. 아내와 아이들 얼굴 보며 마음을 다잡았다. 다행히 몸이 회복되기 시작했다. 전교조로 돌아와 실업교육위원회를 만들었다. 특성화고 학생들이 노동자로 살아가게 될 텐데 어떻게 하면 자기 삶의 주인으로 살아가게 할 것인가 고민했다. 가지고 못 가지고를 떠나서 모든 사람이 자기 삶의 주인이 되는 세상. 내가 생각하는 사람다운 세상은 그런 세상이었다.

실업교육위원회에서 선생님들과 함께 그런 세상을 만들기 위한 노동인권교육을 시작했다. 노동인권교육에서 가장 중요한 내용은 산업현장에서 자신의 건강을 지키는 산업안전과 보건 관련 교육이었다. 나처럼 일하다 병든 사람이 생겨나지 않아야 한다.

큰 새는 바람을 거슬러 날고

조합원으로서 활동을 바탕으로 2013년부터 2014년까지 전교조 광주지부장을 맡게 되었다. 전교조 지부장을 할 때 가장 힘들었던 시기는 4·16 세월호 사건이 터졌을 때다. 자식을 잃은 부모 앞에서 무슨 말을 해야 할까. 그냥 그곳으로 달려가 같이 울어주는 것밖에 할 수 있는 게 없었다. 나는 남들 가슴 아픈 사정 앞에서 낯내려고 떠벌이거나 보여주려고 일을 벌이는 것을 좋아하지 않는다. 그런데도 전교조 광주지부장이니 마이크 잡고 울기만 하지 말고 이것도 하고 저것도 하라는 요구가 있었다. 개인적으로도 힘든 시기였다. 아버지가 3주간 중환자실에 입원해 있다가 4·16 이후 일주일 만에 돌아가셨다. 사적인 일을 접고 전교조 지부장으로 마이크를 잡을 때마다 고통스러웠다.

지부장을 끝내고 2015년에 학교로 돌아와 교사생활에 전념하고 있는데 노무현학교 시민학교장을 해 보면 어떻겠냐는 제안이 들어왔다. 교육자이기도 하고 학생운동 경험도 있고 노동운동도 해 봤고 전교조 지부장도 했으니 노무현학교 시민학교장으로 활동하면 좋겠다 싶었던 모양이다. 2016년부터 2년간 노무현재단 광주시민학교장을 맡게 된다.

야당 정치인이었던 정청래, 김상곤, 송영길, 김두관 씨 같은 분들을 모시고 노무현 정신을 주제로 시민강좌를 열고 민주정부 재탄생을 위한 시목마을 캐릭터논 조성 1년 프로젝트를 진행했다. 장성 남면에 있는 시목마을에서 봄 모내기부터 가을 추수까지 진행하고 봉화음악회를 본따 논두렁

노무현 대통령의 뜻을 되살리고 노무현 정신을 부활시키는 것이 그동안 내가 지켜왔던 내 삶의 가치들을 빼앗기지 않는 방법이었다.

음악회도 개최했다. 추수가 끝난 논에서 500명이 참가하는 음악회가 열렸다. 무등산에 있는 노무현 시민길 걷기 행사도 했다. 직원들이 따로 있는 게 아니어서 행사나 교육을 몇몇이서 기획하고 홍보물도 만들고 섭외하고 운영해야 했다.

주중에 학교에서 학생들을 가르치고 밤이나 주말에 노무현학교 일을 봐야 했다. 부담을 많이 느끼는 상당히 큰 봉사였다. 노무현재단 간부들과 협력하기는 하지만 어떤 주제로 어떤 사람을 모셔와서 예산은 얼마 들고 이런 것을 전부 혼자 준비하고 행사에도 참여해야 했다. 전교조 지부장은 그

일만 하면 되는 전임이지만 노무현학교 시민학교장은 생업을 하면서 별도로 해야 하는 일이었다.

다른 의도나 정치적 목적이 있었으면 그 일을 못 해냈을 것이다. 보수정권이 들어오면서 김대중 노무현 대통령이 쌓아왔던 진일보한 정책들이 후퇴하고 민주정부의 성과들이 하나씩 제거되는 것을 보는 것은 가슴 시린 일이었다. 그걸 보고만 있어야 한다는 것이 안타까웠다.

전교조 지부장을 하는 동안 사회 곳곳에서 민주주의와 조국 평화를 열망하며 활동하는 사람들과 교류하고 연대했다. 그 사람들과 함께 민주정부의 부활, 민주적 가치들을 되살리고 지금껏 이뤄왔던 성과들을 지키는 일을 해야겠다고 생각했다. 노무현 대통령의 뜻을 되살리고 노무현 정신을 부활시키는 것이 그동안 내가 지켜왔던 내 삶의 가치들을 빼앗기지 않는 방법이었다.

편법과 불의가 통하지 않는 세상, 가난이 대물림되지 않는 세상, 정직한 땀과 정당한 노력이 대접받는 세상, 차별받지 않고 소외받지 않는 세상, 각자의 삶에 주인이 되는 세상, 서로가 존중하고 연대하는 세상. 이런 것들이 노무현 대통령이 말한 사람 사는 세상이었다.

큰 새는 바람을 거슬러 날고 큰 고기는 물결을 거슬러 헤엄친다고 한다. 노무현 대통령의 좌우명이다. 시류에 휩쓸리지 말고 자기 운명을 스스로 결정하고 개척하는 자주적인 삶을 강조하는 말이다. 사람 사는 세상을 위해 바람과 물결을 거슬러 올라갈 줄 아는 과감한 용기, 혼자만 하는 활동이 아닌 깨어 있는 시민들과 함께하는 조직화된 힘, 그리고 김대중 대통령이 말한 행동하는 양심. 두 분의 말씀처럼 구체적인 행동과 실천이 있어야 사람 사는 세상을 이룰 수 있다. 마음에 품고만 있는 건 의미가 없다. 노무현학교 시민학교장으로서의 활동은 내 스스로 내 삶을 개척하는 실천이자 깨어 있는 시민이 되고자 하는 날갯짓이었다.

공모교장에 합격하고

성적이 좋은 애들은 가만히 둬도 공부를 잘한다. 스스로 동기부여하면서 자신을 통제하고 성취감과 효능감도 알고 있다. 그러나 어려운 환경에서 자라 스스로 공부하는 경험을 갖지 못한 학생들에게는 의도적인 교육적 개입이 필요하다. 소심하고 자존감이 떨어져 있으며 스스로 자신에 대해 부정적인 특성화고 학생을 자주 만났다. 우리 사회의 싸늘한 시선과 편견, 보이지 않는 차별이 어린 학생들을 그렇게 만들어 놓았다. 아직도 이런 봉건적 차별의식에서 벗어나지 못하고 있다는 것이 한국사회의 고질적 후진성이라 생각한다.

나는 시내에 나가면서 교복을 갈아입고 나가는 학생이나 얼마나 공부를 안 했으면 공고 갔냐는 주변의 시선을 짐짝처럼 지고 살아가는 학생들에게 종종 이야기한다.

"세계적인 성인들의 이야기를 한번 봐라. 혼자 잘 먹고 잘 사는 인생을 아름다운 인생이라고 칭송하는 구절이 단 한 구절도 없다. 아름다운 삶은 돈도 성취도 지위도 아닌 다른 사람과 나누려는 마음에 있다. 누구라도 그런 삶을 살고 있으면 훌륭하고 아름다운 인생이 되는 것이다."

그러면서 국영수 잘하는 애들은 추상적 사고가 뛰어난 거고, 기계 잘 만지는 사람은 기계적 감수성이 뛰어난 거고, 운동선수는 체육적 능력이 뛰어난 거니 각자 다른 능력으로 최선을 다해서 살면 되는 것이라는 말도 덧붙인다.

학생들의 변화를 확실하게 이끌어내려면 자신들의 능력치에 대한 신뢰감이 생겨야 한다. 그래서 기능경기대회에 출전할 학생들을 육성하게 됐고, 자격증을 취득하게 했으며, 좋은 일자리를 찾아주려고 백방으로 뛰어다녔다. 이런 일을 교사 개인이 하면 더디기 때문에 교육청에 지원을 요청했고 장휘국 교육감이 그 제안을 받아들여 취업지원센터를 설치할 수 있었다.

나는 학생들의 자존감을 살릴 수 있는 일은 모두 다 했다. 학교기업도 설치했고, 전국기능대회도 준비했으며, 정부에서 실시하는 각종 취업지원사업에도 참여했다. 동료 교사들과 실업교육위원회를 만들어 노동법 교육과 기술교육을 실시했고, 모두가 함께 잘 사는 세상을 만들기 위해 5·18 계승 교육도 실시했다.

이런 활동들이 좋은 평가를 받아 전교조 지부장을 하게 되었고 공모교장에 지원해 학교경영에도 도전해 보라는 권유를 받게 됐다. 문재인 정부 시절 교육부 직업교육 자문위원이었던 나는 김상곤 교육부장관을 통해 교장공모제 확대를 제안했다. 이게 받아들여져 교장공모제가 활성화되기 시작했다.

교장공모제에 대해 83%의 학부모들이 찬성했다. 광주전자공고 공모교장에 나까지 해서 모두 세 사람이 신청서를 제출했고 면접과 후보자 간 토론회를 거쳐 최종 합격했다. 그동안 광주전자공고에 근무하며 학교의 장단점을 잘 알고 있었고 어떻게 하면 학생을 잘 지도할 수 있을까를 고민했던 내용들이 유효했다. 전교조 활동을 통해 다양한 토론과 방송 출연을 했던 것도 도움이 됐다.

지금 우리 사회를 보라. 사회는 변화되었고 한국은 세계가 부러워하는 민주주의의 역사를 새로 쓰고 있지 않은가.

떨어질 것에 대한 두려움은 없었다. 안 되면 어쩌나 하는 걱정도 없었다. 계란으로 바위 치는 인생을 살며 바닥생활을 해 본 사람이 가질 수 있는 '이 또한 지나가리라.' 정신의 발로였다. 최선을 다하되 결과에 집착하거나 기대하지 않는다. 반성은 하되 성패를 두려워하거나 걱정하지 않는다.

학생운동을 하며 무수히 들었던 말이 있다. 너 같은 놈들이 외쳐 봤자 누가 알아주기라도 한다냐, 그런다고 세상이 바뀐다냐, 너희들이 말하는 민주화 세상이 올 것 같냐는 말이다. 들을 때는 좌절했고 실패한 것 같았다. 그런데 지금 우리 사회를 보라. 사회는 변화되었고 한국은 세계가 부러워하는 민주주의의 역사를 새로 쓰고 있지 않은가. 내가 가는 길이 정당하고 내가 하려는 것이 정의롭다는 확신이 서면 그대로 쭉 밀고 나가면 된다. 내가 도전하고 행동하는 그 과정 자체가 성과이고 승리이다.

책을 반납하지 않는 도서관

광주전자공고 교장이 되면서 5대 혁신과제를 제시했다. 공간혁신, 수업혁신, 생활혁신, 관계혁신, 진로혁신이 그것이다. 그중에서 가장 먼저 추진한 것이 공간혁신이고, 가장 중요하게 생각한 것이 관계혁신이다.

공간혁신은 학교를 학생 중심 공간으로 재탄생시키는 것이다. 모든 교사들의 동의를 얻은 신청서를 교육부에 제출해 공간혁신을 위한 예산 40억을 지원받았다. 학교도서관을 학생들의 자기주도적 학습 공간으로 재편하고 교사의 교육활동이 원활할 수 있도록 교사연구실을 강의실 옆으로 옮겼다. 매점을 바꾸고 체육활동공간을 늘리고 실습장을 대폭 개선했다.

1년간 추진하다가 커다란 문제에 봉착했다. 코로나가 터진 것이다. 코로나로 모든 교육활동이 위축되었고 학교가 문을 닫는 사태까지 발생했다. 코로나가 끝나고 다시 시작하려니 교장 임기가 끝났다. 완성하지는 못했으나 공간혁신을 통해 학교의 물리적 환경을 대폭 바꾸려고 시도한 것은 의미 있는 성과라 생각한다.

학교도서관은 누구나 접근하기 쉽고 오가는 길에 편하게 들를 수 있는 밝고 쾌적한 곳에 위치해야 한다. 나는 책을 반납하지 않아도 되는 도서관을 만들고 싶었다. 5층에 있는 도서관을 1층 교무실 자리로 내리고 벽을 높게 세운 뒤 매년 폐기된 도서로 사면을 빽빽하게 채우고 싶었다. 책을 읽으러 학생이 오면 마음껏 책을 읽다 집에 가져가게 하고 싶었다. 그렇게 해서라도 학생들에게 책을 읽히고 싶었다. 임기가 끝나 아직은 이루지 못한 꿈이다.

교장집무실도 도서관으로 옮기려고 했다. 책상 하나에 컴퓨터만 있으면 된다. 학생들에게 늘 책 읽는 교장으로 보이고 싶었고 마음을 터놓고 상담도 하고 싶었다. 교장실을 옮기지는 못했지만 내가 다시 기관장이 된다면 칸막이로 막힌 사무실이 아니라 넓고 툭 트인 도서관 서고를 사무실로 쓰고 싶다.

카페 같은 편안한 공간을 만들기 위해 천만 원이 훌쩍 넘는 커피머신도 두 개 들여놨다. 학생들 바리스타교육도 할 겸 전문가용으로 들였다. 커피머신을 들이면 많은 학생들이 찾아올 거라 생각했는데 내 생각과 달리 도서관 카페를 이용하는 학생이 많지 않았다.

학부모 모임에 연락해 한 달에 하루씩 북카페를 운영해 달라고 했다. 그게 잘 되면 일반 시민에게도 북카페를 열 계획이었다. 시민들이 와서 저렴한 가격에 커피를 사먹으며 책을 마음껏 읽다 가게 하고 싶었다.

매점을 협동조합체제로 만들고 학부모회를 활성화해 교육활동의 동반자로 세우고 싶었다. 다양한 분야의 자격증 취득을 위해 6억 정도의 예산을 공모로 받아와 산업기사 자격과정을 만들기도 했다. 아이들에게 도움이 되는 일이라면 가리지 않고 되도록 많은 분야에서 혁신을 진행하고자 했다.

덕분에 옥상 태양광 설치, 학교기업 설립, 전국기능경기대회 2년 연속 은탑 수상, 한전 지역인재 쿼터 확보, 한전 3사 협약, GGM 지역인재 채용 협약 등을 이끌어냈다.

해남의 큰 스승

완도 수산고에서 임시교사를 했던 때 이야기다. 아내와 아이는 광주에 두고 혼자 떨어져 학생 기숙사에 기거하며 지냈다. 하루는 옆자리에 앉은 선생님이 해남 두륜산 암자에 가 보자고 했다. 스님 한 분이 계시는데 상담을 잘해주시니 한번 받아 보고 오자고 했다.

두륜산 암자에 올라 스님을 만났다.

"젊은 사람이 어째서 얼굴에 수심이 가득해서 왔는가?"
"우리 선생님이 한번 가 보자고 해서 그냥 따라 왔습니다."
"그냥 온 것은 아닌 것 같고 얼굴에 고민이 많은데?"
"아. 예. 나이는 먹어가고 애는 크는데 임용고사 보면 떨어지고 해서 좀 심란해서 절에 오면 해법이 있을까 해서 와 봤습니다."

스님은 내 얼굴을 찬찬히 보더니 말씀하셨다.

"다른 생각 하지 말고 그게 되고 싶으면 마음속에 간절히 그리고 자네가 모시는 신이 부처가 됐든 예수가 됐든 가리지 말고 이루어진다는 믿음을 갖고 고마워해 봐. 그러면 나도 모르게 그날이 와."

그러면서 '이루어주셔서 감사합니다.'라고 기도드리라 했다. 나는 돌아와 스님이 시킨 대로 기도를 시작했다. 그랬더니 1년 뒤에 자동차교사가 되어 있었다.

스님을 다시 찾아갔다.

"스님. 스님이 시키는 대로 기도했더니 제가 이렇게 자동차교사가 돼 있습니다."
"그렇다니까. 내가 한 것이 아니라 자네 믿음이 자네를 살렸네. 잘 가고. 가서 잘 하소."

성경에 나오는 말이 생각났다. 예수의 옷자락을 잡으면 병이 나을 거라 믿었던 여인에게 예수가 한 말이다. 네 믿음이 너를 살렸다. 스님은 예수 이야기로 부처를 깨닫게 하셨다. 대단한 고수였다.

스님의 말은 아무것도 하지 말고 기도만 하라는 이야기가 아니었다. 열심히 노력하되 불안해하지 말라는 이야기였다. 불안에 떨던 어릴 적 내 모습이 생각났다. 도피생활을 하면서도 불안했는데 스님의 말을 듣고 불안의 근원이 해소되지 않는 상태에서 불안해하는 것은 무의미한 것임을 깨달았다. 불안의 근원을 없앨 수 없다면 불안을 극복하는 기도라도 하며 살라는 말씀이었다. 어릴 적부터 꾸준히 시달려오던 문제에 대한 해법을 스님에게 얻었다.

　안 될 거라고 생각하는 건 믿음이 부족한 것이라 했다. 티끌만 한 믿음이라도 있으면 감사부터 해라, 상상을 하고, 상상이 이루어질 것이라 믿고, 이루어져서 감사하다고 기도하라 했다. 스님의 말을 듣고 믿음의 기도라는 말의 의미가 어떤 것인지 비로소 알게 되었다.

　그 뒤로 스님을 찾아뵙지 못했다. 아직도 두륜산 암자에서 나 같은 중생을 구해주고 계시는지 모르겠다. 인생에서 그렇게 큰 스승을 만났다.

노무현보다 조금 못생긴

　교장을 마치고 광주공고에서 평교사로 근무했다. 국어교

이 에코동산의 이름이 '담다'였다. 기술과 자연과 학교와 평화를 담아 희망으로 꽃피우자는 의미였다.

사 한 분이 학교에 플라스틱 쓰지 않고 친환경 자재를 활용해 에코동산을 만들어 보자고 제안했다. 학생들의 기술도 보여줄 겸 배관파이프 같은 것을 활용해 솟대도 만들고 용접으로 강아지 형상도 만들고 손수레에 페인트를 칠해 장미를 심어 보자고 했다.

기계설비과 학생 8명과 함께 에코동산을 만들었다. 에코동산 만들기에 주도적으로 참여했던 학생 한 명은 코이카 한국국제협력단에 들어갔고, 또 한 명은 카이 한국항공우주산업에 들어갔으며 두 명은 도제교육 현장에 취업해 일을 하고 있다. 이 에코동산의 이름이 '담다'였다. 기술과 자연과 학교와 평화를 담아 희망으로 꽃피우자는 의미였다. 참여했던 학생들 대부분이 자격증을 많이 따서 좋은 곳에 취업했다.

2년 남짓 평교사로 근무하다가 퇴직을 결심했다. 광주교육을 살리고 변화를 이끌어내는 교육감이 되고 싶다는 꿈을 새로 품었다. 거리에 플래카드를 걸었다. 생전 처음으로 선출직에 도전하는 것이니 플래카드가 얼마나 효과가 있을지 미지수였다. 어느 날 병원에 정기 검진을 받으러 갔다. 늘 보던 간호사가 나를 보고 먼저 말을 걸었다.

"아 저 플래카드 봤어요. 여기 명함 놔두고 가세요."

나는 깜짝 놀랐다. 들어갔더니 의사선생님의 첫마디도 플래카드 봤다는 말이었다.

"플래카드 봤습니다. 스트레스가 많으시죠?"

수많은 환자가 있을 텐데 얼굴을 기억해준다는 건 쉬운 일이 아니다. 내 얼굴을 눈여겨봤다거나 내 얼굴이 기억에 남는다거나 그랬겠지만 어쨌든 얼굴 덕을 보고 있는 셈이다. 못생겼든 잘생겼든 날 기억해준다는 건 긍정적인 일이었다.

만나는 사람마다 '플래카드 봤어요.'라는 게 인사말이었다. 플래카드를 보고 사람들이 자주 하는 말이 있다.

"노무현 닮았어. 근데 노무현보다 조금 못생긴 노무현이여."

한두 번 들은 게 아니고 거의 수백 번 들은 거 같다. 처음에는 못생긴 것을 놀리는 소리로 들었다. 급기야 봉하마을에 있는 노무현 대통령의 대형 사진 앞에 서 있으니 지나가는 사람들이 다가와 너무 노무현 닮았다며 같이 사진을 찍자고 하는 일도 생겼다. 그때부터 거울을 볼 때마다 내가 진짜 노무현을 닮았나 살펴보게 되었다. 나중에는 실제로 노무현 대통령을 닮아가는 것 같기도 했다. 속으로 생각했다.

'노무현 대통령보다 못생긴 건 아닌 거 같은데…'

지난 6월부터 광주광역시교육감에 대한 여론조사가 있었다. 여론조사 나오기 전에는 이야기를 꺼내기도 팍팍했는데 첫 번째 여론조사에서 오차범위 안 2등을 하니 분위기가 완전 달라졌다. 서로 나서서 꼭 이기라고 격려해준다. 국회의원도 만들고 교육감도 만들자는 말이 마구 나왔다. 종친회에서도 반갑게 맞아주고 여기저기 인사시켜주었다. 함평 공직자 모임에서도 환영해주었다.

함께 사는 세상, 사람 사는 교육을 위해 교육감이 되고 싶다.

나는 신인이기 때문에 인지도가 약하지만 비토 세력이 없다는 장점이 있다. 친구들은 내 얼굴을 보고 딱 선거용이라고 말한다. 얼굴이 까맣고 우락부락하지만 선거에서는 먹히는 얼굴이라는 것이다.

함께 사는 세상, 사람 사는 세상을 만들기 위해 교육감이 되고 싶다. 교육감이 되어 사람 살리는 교육, 사람 사는 교육을 해 보고 싶다. 퇴직 후 몇 달동안 사람들을 만나며 내가 얼마나 운이 좋은 사람인지 알게 됐다.

대한민국을 넘어 세계 최고의 정신 자산을 가진 도시에서 교육감을 해 보겠다고 나왔는데 누구 하나 '깜냥도 안 되면서 교육감에 도전하다니.'라고 말하거나 '참 별놈이 다 나오네.'라고 하지 않았다는 것만으로도 엄청난 일이라 생각했다. 그런데 세상에나. 뭔 일인지 모르겠지만 두 번째 여론조사에서 1등을 해버리지 않았는가. 심지어 9월 양자대결 조사에서는 오차범위 밖 1위라고 하니 이것이 기적이 아니고 뭐가 기적이겠는가 싶다.

마음을 내고 마음에 심었더니 그 일이 이루어지고 있다. 도전하지 않으면 아무 일도 일어나지 않는다. 나는 스님이 가르쳐준 대로 날마다 감사기도를 드린다.

"교육감이 되어 사람 사는 세상, 사람 사는 교육을 펼칠 수 있게 해주셔서 감사합니다."

제2부

흔들림 없는 믿음의 나무
– 내가 만난 김용태

『사람 사는 교육』은 한 개인의 경력을 나열한 연대기가 아니다. 흔들림 많은 시대에 우리가 무엇을 붙들어야 하는지, 원칙이 어떻게 일상의 선택으로 번역되는지, 그리고 그 선택이 어떻게 사람과 조직을 살리는지에 대한 정직한 기록이다. 선생님의 이야기는 오늘 우리가 당장 시작할 수 있는 작은 실천들의 모음이다. 나는 동료 교육자와 학부모, 그리고 교실과 지역의 내일을 믿는 모든 독자에게 이 책을 기쁘게 권한다.

- 본문 중에서

대범하면서도 따듯한 후배, 김용태

정용문 대학 선배, 무주신문 발행인

　용태는 전남대학교 사범대학 단과대 소속 교육연구회 동아리 1년 직속 후배다. 그와 나는 좀 특별한 관계다. 그저 단순한 1년 후배 사이가 아니라는 의미다. 내가 맡았던 동아리 회장직을 그가 이어받았기 때문에, 요즘 말로 하면 '찐 후배'다. 시대의 아픔이 컸던 만큼 동지애도 남달랐다.

　사복형사들의 감시와 체포에 대한 불안은 일상 그 자체였다. 대학에서의 4월은 본격적으로 시위가 시작되는 달이다. 1984년 4월 초 어느 날로 기억된다. 꼭두새벽에 사복형사 두 명이 후배들 10여 명이 널브러져 자고 있던 우산동 달동네 내 자취방을 기습했다. 체포를 위해서라기보다는 예비조사 차원에서의 방문이었던 모양이다. 당시 형사들도 우리의 쪽수에 당황하며 어리둥절한 상황이었다. 바로 그때 용태가 배포 있게 전면에 나섰다. "형사님, 지금 뭐 하는 겁니까? 예비 검속이라도 하겠다는 겁니까?" 용태의 위세에 형사들이 변명하기에 급급했다. 이렇듯 위기에 처하면 용태는 언제나 제일 먼저 전면에 나섰다. 시대의 어둠을 함께 헤쳐 나가는 선지자였다.

그리고 얼마 뒤, 용태는 자신의 운명을 가를 사건을 터트리고 말았다. 전국적인 파장을 일으킨 소위 '전남대 학생처 점거 사건'이다. 그날 사건은 저녁 9시 KBS 전국 뉴스 첫머리로 방영되어 전국을 강타했고, 전두환의 '기만적인 유화정책'의 본질을 만천하에 드러내는 계기가 됐다.

당시는 전두환 정권의 '기만적인 학원 자율화 조치'에 맞서 학도호국단이라는 반자치적 어용 조직을 해체하고, 진정한 학생 자치기구인 총학생회를 부활시켜야만 했다. 물론 그 과정에서 군사정권의 기만성도 자연스레 폭로될 판이었다. 그런데 이 과제를 실현할 수 있는 합법적인 유일한 조직이 동아리들의 연합체인 '동아리연합회'였다.

그 중심에 후배 김용태가 있었다. 용태는 막중한 책임을 스스로 감당하겠다며 동아리연합회 회장 선거에 출마했고, 학생들의 압도적인 지지를 받아 당선됐다. 당선 후 얼마 지나지 않아 총장과 학생처장에게 총학생회 부활에 대한 명확한 답변을 요구하며 본부 학생처를 점거하는 고강도 농성에 돌입했다. 한 치의 주저함이나 망설임도 없이 그가 행동에 나선 것이다. 말 그대로 불꽃처럼 뜨겁게 그는 청년의 시기를 살아냈다.

사건의 여파는 컸다. 후배 김용태는 '퇴학'이라는 중징계를 받아, 대학을 떠나야 했다. 부모님께서 그리도 간절히 바라던 스승의 길을 포기하고 당시 시대적 과제의 해결에 나선 것이다. 학교 측은 그 사건의 책임을 묻기 위해 나를 포함한 관련자들도 대거 징계했다. 용태가 학교를 떠나고 나자, 나는 캠퍼스를 떠도는 유랑민의 신세가 됐다. 항상 옆에 있던 후배의 빈자리는 생각보다 더 컸고, 허전함은 쉽게 가시지 않았다.

그때도 지금도 용태가 대범한 인물이라고 자주 느낀다. 퇴학이라는 중징계를 받았음에도, 그는 두려움이나 절망적인 감정을 드러내지 않았다. 오히려 늘 그렇듯 익살맞은 표정으로 농담을 던지며, 주변 사람들의 긴장을 풀어주곤 했다. 그의 그런 성격은 당시 그를 잘 아는 모든 사람의 기억 속에 또렷이 남아 있다.

한 번은 그가 수감돼 있던 목포교도소에 면회를 간 적이 있다. 몇몇 후배들과 함께한 방문이었다. 내 생애 처음으로 발을 디딘 교도소였다. 눈앞에 펼쳐진 철조망, 그리고 철문과 경비를 지나고 여러 절차를 거치면서 발걸음이 점점 무거워졌다. 면회 장소에 도착했을 때, 우린 누구 하나 먼저 말을 꺼내지 못하고 있었다. 그런데 창살 너머로 모습을 드러낸 용태는 그런 우리를 보자마자 배시시 웃음을 터트렸다. 어색한 정적을 먼저 깬 것도 역시 용태였다. "잡힐 염려 없으니 도망 안 다녀도 되고…. 여기가 최고네!" 그의 첫마디였다. 순간, 우리 모두 웃음을 터트릴 수밖에 없었다. 농담처럼 들렸지만 그 말에는 지난 시간 동안의 고생과 불안이 녹아 있었다. 그는 아무렇지 않은 듯 행동했지만 그 또한 피하려고 무던히 애썼고 수없이 쫓기며 버텨왔을 것이다. 하지만 그런 이야기를 늘 농담처럼 풀어내는 게 바로 용태다.

 그날 우리는 용태를 위로하러 갔지만 오히려 위로를 받고 돌아왔다. '괜찮다'는 그의 말 한마디, 그리고 농담 한 줄이 그렇게 큰 위로가 될 줄은 몰랐다. 교도소를 떠날 때 발걸음은 올 때와는 달리 한결 가벼워졌다. 그것이 용태가 사람들에게 주는 묘한 힘이다. 자신은 어두운 곳에 있으면서도 타인에게는 빛이 되기를 마다하지 않았던 사람. 언제나 주위를 따뜻하게 하는 사람이 바로 용태다.

 대학에서 쫓겨나 용접공으로, 자동차 수리공으로 생활하다가 우여곡절 끝에 다시 교직을 되찾아 천직처럼 교사의 길을 걸어온 후배 김용태. 언제나 자신이 한 선택의 무게와 결과를 누구보다도 진지하게 받아들이고 묵묵히 자신의 길을 걸어왔던 그 모습이야말로 내가 기억하는 진짜 김용태다.

시대의 길을 함께 걸은 사람들

김황제 전남 담양 솔가람고 교사

선배 김용태, 우리는 여전히 그 길을 걷고 있다. 함께.

"형은 민중적으로 생겼고, 나는 고뇌하는 지식인처럼 생겼다고 봐야지 않겠소?"

우리는 여전히 이렇게 농담을 주고받으며 웃는다. 겉모습만 따지면 "나는 문재인을 닮았고 형은 노무현을 닮았소." 하면, 선배는 "너는 이순자를 닮았고 나는 전두환을 닮았어야, 못생긴 걸로 따지면." 하며 우스갯소리를 던진다. 30년이 훌쩍 넘은 지금도 변하지 않는 그 웃음 속에는 거짓이 없다. 어쩌면 그 웃음만이 우리가 함께 견뎌낸 그 혹독했던 시절의 증거일지도 모른다.

말하지 않아도 아는 사이

우리는 굳이 서로에게 말하지 않는다. 눈빛으로 말한다고 하는 게 정확하다. 가장 두려웠고 무서웠으며 때로는 도망가고 싶었던 그 시절을 함께 이겨냈으니 그럴 만도 하다. 그가 걸어간 길을 내가 걸어갔으며 후배들이 따라왔다.

나는 그를 안다. 후배들이 그를 자랑스럽게 여긴다. 당시 우리 운동권 선후배들은 그만큼 생사를 같이할 정도로 각별했다.

1986년, 마지막 작별

아마 1986년 초반이었을 것이다. 전남대 자민투 위원장으로 구속행이 예정된 내가 마지막으로 선배를 찾아 작별 인사를 나누고자 했다. 시기를 특정하지 못하는 이유는 항상 뒤를 따르는 정보과 형사들의 눈을 의식하지 않을 수 없었기 때문이다.

수감생활을 하던 동아리 선배 김용태 형을 면회하고자 기차역에 내린 다음, 조심스럽게 주위를 살피며 산정동에 자리 잡은 목포교도소로 향했다. 동아리연합회장으로 활동하다 제적된 뒤 이른바 위장취업으로 노동 현장에 뛰어들었던 선배가 체포되어 교도소에 수감되었으니 가 보기는 해야 하는데 꽤 망설여지는 시절이었다.

1985년, 불꽃처럼 타오르던 그날

지금은 사라지고 없지만 구 도청 앞 15층 건물 무슨 호텔이었던 듯하다. 그러니까 1985년 5·18쯤이었을 것이다. 전남대 상대 뒤 막걸릿집에서 뭔가 심상치 않은 표정으로 이런저런 이야기를 주고받은 뒤였다.

갑자기 호텔 몇 층인가에서 유인물이 뿌려지고 화염병이 도로 바닥으로 날아들어 본격적인 시위가 시작되려던 찰나였다. 주변에 깔려 있던 백골단들도 긴장하고 그 화염병이 던져진 곳이 어디인지, 호텔 어디에서 시작하였는지 가늠하지 못해 사복경찰들도 우왕좌왕하던 날이었다.

선배가 우리에게 던지는 메시지는 간결했다. "산 자들아, 나를 따르라."

그때 그 자리에서 화염병을 던지고 유인물을 뿌리며 시위를 주동한 선배가 김용태인지를 나중에 알게 되었다. 막상 친형제처럼 지내던 선배가 백골단에 두들겨 맞아 피 흘리며 붙들려 가는 모습을 보고 참지 못해 내가 뭔가 큰 사고를 칠지 모른다는 우려가 전해졌다는 것을, 그것이 나에게 데모 주동자의 신원을 숨겨야 했던 이유라는 것을, 다른 선배에게 전해 듣게 되었다.

1984년, 용기 있는 외침

1984년인가, 정확하지는 않다. 동아리연합회장으로 활동하던 선배가 대학 본관에 설치된 CP(학교에 상주하던 경찰들의 임시 본부)를 철거하고 대학 동아리 활동의 자유를 보장하라며 본관에 쳐들어가 총장실을 점거하는 시위를 주동했다. 아마 그때 제적당한 것으로 기억한다. 아무도 미워할 수 없는 자를 대학이 쫓아낸 것이다.

기름때 묻은 작업복의 선생

나 또한 징역을 살고 나와 노동 현장에서 자동차 기름밥을 먹고 있다는 선배의 소식을 멀리서나마 듣게 되었고, 터미널 부근에서 만나 가볍게 막걸리 한잔하던 기억이 새롭다. 여전히 내가 어떻게 살아가야 하는지를 기름투성이 작업복 차림으로, 맨몸으로 보여주던 선배였다. 내 기억은 여기서 멈춘다. 이후 대학에 복학하여 졸업하고 광주전자공고의 도장 분야 교사로 복무한다는 이야기를 들었는데 어느덧 30년의 세월이 흘러버렸다.

교육연구회, 우리들의 이어진 길

그와 나는 사범대학 교육연구회 회장을 역임한 사이다. 내가 교육연구회의 회장을 맡기 전 그가 회장이었다. 그리고 그는 제적당했고 구속되었다. 그전에 연구회의 국사교육과 선배 한 분은 삼민투에 연루되어 수배되었고, 수학과의 한 선배는 학동 어디쯤 빌딩에서 횃불시위를 주동하다 강제 징집당했다. 우리는 매우 치열했다.

우산동 달동네의 뜨거운 꿈

그 시작은 전남대 후문에서 걸어서 20분 정도면 도착하는 우산동 달동네 자취방이다. 해방 전후사의 인식을 읽고 전환 시대의 논리, 철학에세이, 러시아 혁명사 등 사회과학 서적을 강독하면서, 때론 일본어로 된 서적을 번역하여 보며 소위 의식화 교육으로 맺어졌다. 망설임 없이 두려움을 이겨내며 그때 그 길을 걸었던 자들이다.

10여 명이 둘러앉아 담배를 피워대면 질식해 죽지 않는 게 이상할 정도였다. 라면을 삶아 배고픔을 면하던 사이였으니 웃지 못할 에피소드도 많다. 독립군 전사들처럼 방귀마저 "준비됐습니다."라고 하면, 누구라도 맞받아 "조국과 민족을 위해 자폭하시오." 이러면서 방귀를 뀌며 긴장을 풀어가곤 했다.

선배가 걸었던 길, 우리가 우스갯소리로 했던 말들. "고뇌하는 제3세계 지식인에게 삶이란 꽃길일 수 없다." "분홍빛 리버럴리스트는 되지 말자." 그런 와중에도 우리는 농담으로 하루를 보내곤 했다.

어둠 속으로 걸어가던 그 뒷모습

나는 아직도 기억한다. 허름한 복장으로 작은 가방을 둘러메고 어둠 속으로 걸어가는 선배의 모습을. 그게 도청 앞 빌딩에서 데모 주동을 하고 징역을 살러 가는 마지막 모습이었던 것을. 그 모습을 기억하며 우리는 지금 살아가고 있다. 부족하지만 그때의 치열했던 삶을 잊지 않고 여전히 가슴속 깊은 곳에 묻어두고 있다.

여전히 빛나는 삶의 지표

선배가 보여준 삶이 우리들이 살아갈 삶의 지표였다. 이제 그는 새로운 도전에 직면해 있다. 노무현시민학교의 교장으로, 전교조 광주지부장으로, 광주전자공고 교장으로, 이재명 대통령 후보 직속 국민화합위원회 교육위원장으로 광주교육을 새롭게 디자인하고자 한다.

나는 여전히 선배의 실력을 여과 없이 볼 수 있는 날을 기대한다. 그가 가는 길에 광주교육이라는 새로운 무기가 장착되기를 염원해 본다.

끝나지 않은 이야기

이주일 같은 개그맨을 해도 하겠지만 교사 김용태가 더 잘 어울리는가?

그는 언제나 김용태였다. 시대의 아픔을 온몸으로 받아내며 후배들에게 길을 보여주었던 김용태였다. 웃음 뒤에 묻어 있는 깊은 상처와 불굴의 의지를 가진 우리 모두의 선배 김용태였다.

내 친구 김용태

장복일 전 운남고 교장

장복일(1946년 생) ; 김용태(1964년 생)
이 두 사람이 친구 사이라고요?!

첫 만남

장복일은 2000년 9월 1일에 광주전자공고에 교감으로 부임했는데 공업계고교 근무도 처음이고 준비도 덜 된 상태라 교감직에 상응한 역할을 못 하고 있었다.

김용태는 개혁 성향 교사로 광주전자공고 자동차과에서 은인자중하고 있었지만 교사 단체의 실질적인 리더였다.

미션 1 : 교육은 교사들의 어깨에 달려 있다는 데에 뜻을 같이하다

장복일은 '광주전자공고가 학생이 가고 싶고, 학부모가 보내고 싶은 학교로 거듭나기 위해서는 유능한 교사들이 일상 수업에 더 집중해야 한다.'고 생각하고, 교내 장학 중점을 수업의 질 향상에 두었다.

김용태는 가르치는 즐거움과 배우는 즐거움이 넘실대는 교실을 꿈꾸며, 교감의 뜻에 암묵적으로 동의하고 소리 소문없이 협조 분위기를 조성했다.

미션 2 : 인간성을 맛보다

어느 날 장복일이 소주 한잔하자고 제안하자 김용태가 흔쾌히 응한다. 둘이는 격의 없이 얘기를 나눈다. 소주잔에 김용태의 인간성이 스며들고 있다. 장복일은 소주잔에 스며든 김용태의 인간성에 취한다. 스스럼없고, 마음이 넉넉하고, 교육에 대한 열정이 대단하고, 소통으로 문제를 풀어나가고, 어떤 부탁을 해도 들어줄 것 같고, 어떤 얘기를 해도 뒷담화가 없을 것 같은 사람.

미션 3 : 학교 기업을 만들다

교육부에서 자율 주제의 연구학교 공모를 하자 김용태가 장복일을 찾아와 학교기업 응모를 제안한다. 더불어 노력하여 응모했으나 탈락했다. 김용태는 포기하지 않고 학교기업을 세우는 데 주된 역할을 했다. 바람직한 일에는 그토록 진심이구나!

미션 4 : 특수교육을 논하다

장복일이 광주시교육청 장학진흥과장으로서 인화학교 문제로 고심할 때, 김용태가 폭넓은 인맥과 특수교육에 대한 애정을 바탕으로 데면데면한 관계자들 사이에 소통의 장을 마련했다.

김용태 친구가 교육이라는 성업에 온몸을 바치겠다고 한다. 솔직히 말리고 싶다. 경험상 그 과정이 녹록하지 않다는 것을 알고 있기에. 그러나 김용태가 그 일을 해야 한다. 멋있는 인간성, 폭넓은 인맥, 교육에 대한 순수한 열정, 소통으로 경륜을 실현하는 능력. 카오스 상태인 광주교육을 코스모스 상태로 이끌 적임자이기에 장복일은 응원하고 적극 협조할 것이다. 김용태가 가는 길이 바른 길이기 때문에.

장복일과 김용태는 친구 사이가 맞습니다.

남을 위해 먼저 손 내밀던 내 친구 용태

이상탁 고등학교 짝꿍

보는 눈이 달라

고등학교 2학년 때 내 옆자리는 '용태'였다. 지금의 교실엔 1인용 책걸상이 대부분이지만 당시엔 38선이 가운데에 그려진 2인용 책상이 대부분이었다. 우리 자리는 교실 앞쪽, 오른쪽 출입문이 가까운 벽 쪽이었던 것으로 어렴풋이 기억한다. 키가 고만고만했기에 앞쪽에 앉을 수밖에. 선생님께서 칠판에 판서하면서 설명할 때 등을 지게 되는 사각지대다.

어느 날 오전 정치경제 시간. 우리는 나름의 '작업'에 들어갔다. 용태는 화가(?)고, 나는 색깔 볼펜을 재빨리 건네주는 조수다. 친구는 손이 빠르고 그림도 정말 잘 그렸다. 친구가 검은색을 참 잘 사용했던 것 같다. 친구가 그림을 잘 그려서 '친구 아버님이 함평(친구 고향)에서 미술선생님이다.'는 소문도 있었다. 내 기억에는 500원짜리 지폐를 그렸던 것 같

2013년 전교조 광주지부장 시절.

은데 이 친구는 버스 회수권(지폐)이었다고 주장한다. 내 기억이 맞다고 주장하고 싶고 엉성한 나름의 타당한 근거도 있으나 이런 사소한 논쟁은 막걸리 안줏감으로 남겨 두려고 한다.

수업이 끝날 즈음 한 면을 거의 다 그렸을 때 방심한 축구 경기의 마지막 5분처럼 선생님께 들켰다. 머리에 알밤 한 대와 함께 "유가증권 범법자로 오해받을 수 있다."는 등등의 훈시를 들었던 것 같다. 덕분에 '유가증권' 용어 하나는 정확히 공부했다. 감정이 실린 정보는 편도체와 연계되어 우리의 뇌에 오래 기억된다는 저장의 원리가 맞는 것 같다.

지금의 친구는 물리와 자동차로 학생들 앞에 섰지만 그 시절 친구는 예술 감각과 시인 같은 넉넉함을 지닌 친구였다. 다양한 관점에서 세상을 볼 수도 있겠다.

떡잎부터 다르다

용태 친구의 교복 바지는 언제나 다림질 없이 조금 구겨져 있으면서 본래의 검정보다 조금은 피곤한 잿빛이 돌았고 최소 한두 군데는 늘 찢어졌었던 것 같다. 속옷인지 속살인지 속것이 살짝살짝 보였던 것 같다. 그래도 구김살 없이 개의치 않고 웃어넘기는 여유가 있었다. 지금도 친구 특유의 밝고 장난 섞인 말투가 생각난다. 물려받은 바지였다는 사실을 나중에야 알았다.

어느 추운 늦가을 아니면 초겨울이었다. 하굣길 버스 정류장 앞에서였던 것 같다. 같은 반 친구가 배고프다고 하자 찢어진 교복 바지만 입고 다니던 용태가 내 버스비까지 모아서 그 친구에게 붕어빵을 사주는 것을 봤다(어묵일 수도 있다). 그 짧은 순간에도 친구의 망설임 없는 행동이 꽤나 인상적이었다. 덕분에 우리는 버스를 타지 못하고 추운 바람을 맞으며 학교 앞(금호고)에서 내가 자취하던 임동(광주광역시)까지 걸어갔다. 당시 무등경기장 앞과 전남방직 앞을 지날 때 제법 추웠던 것 같다. 지금이야 운동 삼아 걷는다지만 그때는 대학입시만큼 무거운 큰 책가방을 두 개씩이나 가지고 다니던 시절이다. 사람은 떡잎부터 알아본다. 여전히 소박하고 따뜻한 마음씨를 갖고 있는 친구다.

변함이 없다

대학교 3학년 시절, 친구는 '교육연구회(당시 이념 서클로 분류)'라는 동아리 회장이었다. 학교로부터 공식 승인을 받지 못해 학교의 지원은 전혀 없었던 것으로 안다. 당시엔 외부 관계자들이 학교에 쉽게 들어와서 활보하던 시절이라 누군가의 잣대로 재단한 결과였을 것이다. 1984년은 5·18에서 6·10으로 이어지는 80년대 현대사의 한가운데이던 시기다. 세상의 색깔이 바뀌어 가던 한복판이라 양측의 힘겨루기는 만만치 않았다.

당시 '사림축제(전남대학교 사범대학 대표축제)'를 기획, 총괄하며 준비하던 내 눈에 동아리 운영 예산을 마련하려는 친구의 고군분투하던 모습이 기억난다. 학교 지원도 없고, 어려운 시기였기에 교육에 대한 열정과 신념이 없었다면 할 수 없었을 것이다.

한참이 지난 후 '전교조 지부장을 했다.'는 소식을 들었을 때 전혀 놀랍지 않았다. 교육에 대한 열정과 신념으로 채워진 정의파(?)이기에 어떤 자리에서도 제 몫을 다했을 것이다.

내가 바라본 김용태 선생님

이복행 후배 교사

 학교라는 곳도 결국은 작은 사회다 보니 다양한 갈등이 생기기 마련이다. 그런 순간마다 나는 늘 김용태 선생을 떠올린다. 선생은 어느 한쪽 편도 들지 않는다. "자네가 원하는 게 뭔가? 그리되었을 때 상대방은 어떤 고충이 생길까?" 그렇게 양쪽의 입장을 차분히 짚어주며 서로 이해할 수 있는 범위 내에서 양보할 수 있도록 방향을 제시해준다.

 가끔 내가 조금이라도 욕심을 부리는 듯한 기색을 보이면 선생님은 조용히 얘기한다. "그리하지 마소. 너무 욕심부리면 안 되네." 그 말씀이 이상하게도 나를 멈추게 하고 돌아보게 한다. 선생의 그런 점이 나는 참 좋다.

 우리는 종종 학교교육에 대해 깊은 이야기를 나눈다. 그럴 때마다 김용태 선생은 언제나 '학생'을 가장 먼저 고려한다. "학생이 학교에 오고 싶어야지, 학교는 그냥 시간만 보내다 가는 곳이 아니잖아. 아이가 발전을 느끼고, 성취감을 느낄 수 있도록 우리가 준비해야 해. 그리고 무엇보다 학교가 즐거워야 해. 그래야 아이가 웃지."

그 말씀에는 형님 같은 따뜻함과 교사로서의 단단한 철학이 함께 담겨 있다.

학생들에게 필요한 공간 구성부터 수업의 충실성, 교육과정의 방향까지, 모든 고민은 결국 '학생이 머물고 싶어 하는 공간'을 만들기 위한 것이었다. 아이들이 학교를 좋아하고 학교에 가고 싶어서 아침부터 분주해지는 모습을 보는 것이 김용태 선생의 가장 큰 보람이었다.

"우리 학부모들이 '아이가 학교 가는 걸 너무 좋아해서 걱정'이라고 하소연할 정도의 학교를 만들고 싶다."는 그 말씀이 아직도 잊히지 않는다. 진심으로 아이들을 위한 교육을 고민하고 실천하는 선생님. 내가 바라본 김용태 선생은 그런 분이다.

잘못된 결정 앞에 물러서지 않는 사람

이희준 후배 교사

동료교사 김용태 선생님

2009년 발령을 받고 설렘과 긴장 속에 하루하루를 준비하던 초임교사 시절, 옆 반 담임이 바로 김용태 선생님이었습니다. 당시 저는 1학년 1반을, 선생님은 1학년 2반을 맡으셨죠.

처음 뵌 순간 느꼈던 것은 그분의 맑은 눈빛 속 깊게 배어 있는 따뜻한 인간미와 품격이었습니다. 그 눈빛은 학생을 대할 때 한층 더 빛났습니다. 매일 아침 가장 먼저 학교에 도착해 문 앞에서 아이들을 맞이하던 모습, 이름을 부르며 안부를 묻고 작은 변화에도 귀 기울이며 마음을 어루만지던 모습은 지금도 제 기억 속에 선명합니다. 그 따뜻한 시작 덕분에 학생들의 하루는 달라졌고, 졸업한 지 수십 년이 지나도 제자들은 여전히 연락을 이어가며 삶을 함께 이야기합니다.

광주전자공고 퇴임식 때 제1회 자동차과 제자들에게 감사패를 받고.

　김용태 선생님의 교실은 항상 정돈되어 있었습니다. 학생들이 만든 작품 하나, 칠판에 적힌 글귀 하나에도 교육적 의미가 담겨 있었습니다. 가정 형편이 어려워 방황하는 학생, 잦은 지각과 결석으로 학교를 멀리하던 아이들에게는 직접 가정방문을 하며, "너는 소중한 사람"이라는 메시지를 끊임없이 전했습니다. 그 사랑과 인내는 결국 아이들의 마음을 열어 다시 학교로 발걸음을 돌리게 하였습니다.

　저에게도 김용태 선생님은 따뜻한 형 같은 존재였습니다. 당시 제가 타고 다니던 LPG 자동차가 잦은 고장으로 애를 먹을 때, 퇴근 후 여러 번 손수 수리를 해주셨습니다. 그 손

길에는 단순한 기술이 아니라 '함께 가자'는 동료애가 담겨 있었습니다. 점심시간이면 교사 휴게실에서 교육에 대한 고민과 웃음을 나누었고, 그 자리마다 김용태 선생님의 포근한 인품이 묻어났습니다.

무엇보다, 잘못된 결정 앞에서 물러서지 않는 분이셨습니다. 전 교직원이 모인 회의 자리에서, 분위기에 눌려 침묵하는 대신 담대하게 옳은 말을 하셨습니다. 그 단호한 모습에서 저는 교육자는 '진실 앞에서 결코 침묵해서는 안 된다.'는 신념을 배웠습니다.

또한 차체수리 기능전공심화동아리 지도교사로서 전국대회에 나갈 실력을 갖춘 제자들을 길러냈습니다. 그런데도 그 성과를 독차지하지 않고 후임 교사에게 기회를 양보하며 "학생의 영광은 함께 나누는 것"이라 말씀하셨습니다. 저는 그 넉넉함과 겸손에 감동해 용접전공심화동아리를 맡아 학생들의 미래를 준비하는 길에 나섰습니다.

교장 김용태 선생님

세월이 흘러 광주전자공업고등학교에서 다시 김용태 선생님과 인연을 맺게 되었습니다. 이번에는 동료가 아닌 교장과 교사라는 위치에서였습니다. 그러나 직함이 달라졌어도 그분의 본질은 변하지 않았습니다. 여전히 사람을 중심에 둔 교육, 아이들의 전인적 성장을 향한 열정, 동료 교사들을 존중하는 리더십이 자리하고 있었습니다.

교장 김용태 선생님은 모든 교사들의 신뢰와 존경을 받았습니다. 그는 교육부의 '공간재구조화사업'을 통해 낡고 오래된 학교 건물을 마치 새학교처럼 변모시켰습니다. 하지만 그 변화의 핵심은 건물이 아니라 학생과 교사의 마음이 환하게 열린 것이었습니다. 그 공간에서 학생들은 더 자유롭게 배우고 교사들은 더 의욕적으로 가르칠 수 있었습니다.

그가 만든 학교 문화는 특별했습니다. 누구나 터놓고 의견을 말할 수 있는 '자유로운 토론 풍토', 변화를 두려워하지 않는 '학습 풍토', 절차와 원칙이 공정하게 적용되는 '공정 풍토', 그리고 모두가 윤리를 중시하는 '윤리 풍토'가 자연스럽게 뿌리내렸습니다. 이는 하루아침에 이루어진 일이 아니라 교장선생님이 매일같이 몸소 실천하며 쌓아 올린 결과였습니다.

제가 가장 감동한 장면은 매일 새벽, 아직 어둠이 걷히기 전 학교에 나와 교사와 학생 한 명 한 명을 위해 조용히 기도하던 모습이었습니다. 그 시간 속에서 저는 깨달았습니다. "교육은 제도의 문제가 아니라, 결국 사람의 마음에서 시작된다."

　교장 김용태 선생님과 함께한 4년은 제 교직 인생에서 가장 값진 배움의 시기였습니다. 그분은 리더의 자리에 있으면서도 늘 먼저 손을 내밀고, 동료의 목소리를 경청하며, 학생의 꿈을 지켜주었습니다. 그가 걸어온 길은 말이 아닌 삶으로 증명된 참교육자의 길이었습니다.

　김용태 선생님과 함께한 세월은 제게 잊을 수 없는 축복이었습니다. 그분은 동료로서도, 리더로서도, 무엇보다 한 사람의 교육자로서, 늘 사람을 중심에 두고 세상을 바꾸어 나가셨습니다. 저는 믿습니다. 그분이 앞으로 걸어갈 길이 우리 아이들의 미래를 밝히는 등불이 될 것임을.

삶으로 그를 믿는다

김동근 고향친구, 그랑빌 더 포레 관리소장

김용태와는 같은 마을에서 태어나 유년기와 초중등학교를 같이 다닌 소꿉친구이다. 광산김씨 양간공파가 함께 모여 사는 마을이며 주민 모두가 친척인 자작일촌(自作一村)이므로 나 또한 김용태의 아저씨뻘 되는 일가이다. 우리 마을은 34가구 정도가 옹기종기 모여 농업을 주업으로 사는 작은 시골 촌락이다. 한때 4년제 대학생만 25명에 이르던 대단히 교육열이 높은 동네였다. 우리가 중1 때 용태의 아버지와 용태네 집 바로 밑에 사셨던 분도 우리가 다니던 손불중학교의 교사이셨다. 베이비붐 시절에 태어났던 선후배 중 많은 수가 사법고시, 외무고시, 의사, 대기업 임원, 교사, 공무원 등으로 성공하여 어지간한 사람은 명함도 내밀지 못하는 동네였다.

현직 교사의 자식으로 나 같은 촌놈과는 달리 도회지 아이들처럼 옷도 입고 다닐 만했지만 용태는 그저 차이 없는 촌놈이었다. 중학교 때까지 키가 작아 귀여운 친구였다. 그래도 축구와 야구 등 유달리 선후배 모두가 어울려 노는 것을 좋아했다. 아마도 모두가 친척인 관계로 응집력과 단결력이 좋았던 것 같다. 인근의 다른 동네 아이들과 매주 시합하기를 즐겨서 일요일에는 거의 그렇게 중학교 시절을 보낸 것 같다. 동네 앞 큰 저수지에 여름철이면 물이 빠져 넓은 공터가 드러났고 저수지 밑 동네 아이들과 야구시합을 많이 하였는데, 당시 장비는 대부분 용태가 만들었던 것 같다. 포수 안면 마스크와 프로텍트를 나무와 짚으로 마름을 엮어서 만들어 올 때부터 그의 손재주를 보았다. 그리고 친구들을 다치지 않게 하려는 그의 마음 씀씀이를 보았다. 대부분 우리의 상대팀은 여러 동네 연합팀이었다. 때문에 경기에 지는 경우가 많았지만 지고 나서도 친구들을 위로하고 다독이는 역할은 주로 용태가 담당했던 것 같다.

용태와 초·중학교 시절 하굣길을 주로 같이 다녔다. 당시에는 바닷가에서 잡은 전어나 낙지를 머리에 이고 동네마다 팔러 다니던 행상 아주머니들이 있었다. 그분들이 우리를 만나면 전어도 먹여주시고 낙지다리도 떼어주시던 일이 생각난다. 용태 할머니가 그분들과 친하여 그분들도 지나치지 않고 우리들을 불러 배고픈 하굣길을 달래주시던 일이 생각난다. 주로 쌀이나 보리로 물물교환하던 시절 용태는 그분들의 무거운 짐을 들어주려고 온 길을 되돌아가던 것도 여러 번이었다. 그의 교직 시절을 보지 못했지만 아마 어린 시절 따뜻한 성정이 그대로 드러났을 것이다.

초등학교 5학년 때는 옆 동네 친구 하나가 쌀 한 됫박과 600원이 없어 수학여행을 가지 못한다는 말을 듣고 용태가 쌀 한 말을 퍼준 적이 있었다. 나중에 그 친구는 중학교도 못 가고 어린 나이에 서울로 올라가서 연락이 두절되었지만 용태와는 연락을 하고 살았던 것으로 안다. 그 친구가 항상 용태를 보호하고 다녔던 기억이 있다. 그런 점으로 미루어 어린 나이에 용태가 가졌던 마음은 참 따뜻했다.

그런 용태가 대학에 들어가고 나서는 입이 무서워졌다. 말끝마다 전두환 타도와 미 제국주의를 비판하기 시작했다. 목소리도 굵어지고 얼굴이 점점 투사로 변해갔다. 공부 잘하고 여리며 인정 많았던 그가 금방이라도 세상을 뒤엎을 기세로 이야기할 때면 걱정이 되었다. 급기야는 도망다니고 군대도 안 가고 교도소를 들락거렸다. 어쩌다 만났던 그는 너무나도 변해 있었다. 뭔가 확신에 차 있었고 정치적 발언을 친구들에게 강요하듯이 했다. 나는 친구 입장에서 그렇게 바닥에서 살기보다는 유명한 운동권 학생들처럼 되라고 하기도 했다. 그런데 노동현장의 투쟁을 말하고 독립전사들을 입에 올리는 것을 보고 친구로서 안타까웠다. 그러나 그것이 옳았다. 나도 여러 군데를 전전하면서 살아가며 불평

등에 대해 느꼈기 때문이다.

  지금이야 노동조합이 일반화되어 정치적 민주화도 입에 담는 것이 두려움이 아니지만 80~90년대를 살아온 이 땅의 흙수저 중 하나인 나에게 친구의 용기 있는 목소리와 온몸으로 살아온 삶은 또 다른 격려이자 위안이 되었다. 나는 확신한다. 아주 어린 시절부터 함께 살아온 나로서 우리 용태 친구는 변하지 않을 사람이라는 확신이 있다. 그가 어느 위치에 있든지 말이다. 초중고를 정상적으로 다닌 우리는 교육감이라는 자리가 얼마나 중한지 안다. 항상 낮은 데로 임하여 사랑으로 우리 아이들을 대하는 훌륭한 교육행정을 펼칠 것으로 기대하고 응원한다.

혁신적 아이디어로
새로운 길을 만드는 교사 김용태

안규완 전 광주 학생해양수련원장

나는 2006년 전남공업고등학교에서 김용태 선생님을 만나게 되었다. 그때 나는 교직단체 어느 곳에도 소속되지 않았고 그저 평범한 교사였다. 김용태 선생님은 참교육활동을 열심히 했던 것으로 기억된다. 평범한 나에게 김용태 선생님은 마주칠 때마다 안부를 물었고 특히 교육활동에 있어서 어려움은 없는지 묻곤 하였다. 그러던 중 김용태 선생님은 섬세함과 예리함, 명석함과 강한 추진력을 갖춘 사람이라는 것을 알게 되었고 광주 직업교육정책 현안에 대해 수시로 논의하는 친한 형제관계를 유지하게 되었다.

혁신적 아이디어로 새로운 길을 만드는 교사 김용태

2008년 교육부는 초중등교육법을 개정하여 문제아가 다니는 학교로 낙인찍힌 전문계고를 현재의 마이스터고와 특성화고로 개편하였다. 우리 광주교육청도 마이스터고를 설립하기 위해 43학급에 재학생 1,700명인 모 전문계고등학교를 마이스터고로 만들기로 잠정 결정하였다. 그 당시 그 학교는 학부모, 학생, 교사 모두 광주에서 가장 좋은 전문계고교라 생각하고 있었다.

이때 김용태 선생님은 잘나가는 학교를 반토막 내면 광주 직업교육의 질이 저하될 것이며, 대안으로 광산구 모 전문계고를 마이스터고로 개편해야 한다고 주장하면서 현장 교사들을 설득하였다. 즉 마이스터고 학급당 학생 수 20명 이하, 학년당 4학급 이하로 구성하여 산업현장이 요구하는 기술인재를 육성해야 한다고 했다. 이 주장에 대해 교육청 관계자, 학교 관리자 대다수는 학교 경영을 모르고 현 실정에 맞지 않는 엉뚱한 주장이라고 무시하였다. 하지만 김용태 선생님은 이에 굴하지 않고 본인이 생각하는 마이스터고 설립 계획을 수립하여 교육청 과장, 국장, 교육감을 설득하는 데 성공하였고, 그 결과 현재의 명문 광주자동차설비마이스터고를 설립되게 되었다. 이러한 과정은 누구도 하기 어려운 혁신적 아이디어를 끝까지 관철한 김용태 선생님의 큰 업적이라 생각한다.

교육부도 생각하지 못한 전국 최초
광주취업지원센터 설립의 주인공 교사 김용태

김용태 선생님은 본인이 대학에서 제적당한 후 자동차정비공장에서 노동자로 일해서인지, 직업계고 학생들이 일자리를 찾지 못해 좌절하고 무작정 진학하는 것을 지켜보면서 수많은 고민에 고민을 거듭하게 된다. 학교 및 학생들에게 취업처에 대한 정보, 취업처 발굴, 진로상담 등을 지원할 수 있는 그 무엇도 없었던 때이다. 이때 2010년 민선 1기 교육감선거가 있었고, 교육감 후보에게 광주교육청 빛고을일자리센터 설립의 필요성을 강조하여 선거공약으로 채택되게 하였다. 이로 인해 2011년 전국 최초로 장학사 1명, 교사 2명, 취업지원관 3명 등 총 6명으로 구성된 광주광역시교육청 취업지원센터가 신설되었다. 이를 지켜보던 교육부는 광주광역시교육청 취업지원센터를 전국 17개 교육청에 일반화시켰고 교육부 역시 중앙취업지원센터를 설립하여 직업계고학생들의 취업을 지원하면서 오늘에 이르게 되었다. 우리나라 교육관계자 누구도 생각하지 못했던 소외된 학생들에 대한 취업지원시스템이 완성된 것은 김용태 선생님의 명석함과 추진력의 결과라 생각된다.

광주직업계고 교장단 협의회장으로
공기관(공기업) 취업활성화에 노력한 교장 김용태

2019년 어느 날 김용태 선생님이 만나자고 한다. 만나자마자 대뜸 "형님! 우리 광주시 공공기관(기업)에 우리 시 고졸자가 왜 취업을 못하고 있는지 아세요?" "교육계 선배들이 이런 상황도 파악하지 못한 채 그저 교육청만 쳐다보고 있으니, 우리 학생들이 일자리를 찾아 타 지역으로 짐 싸서 가는 거 아니요." 강한 어조와 눈빛에 깜짝 놀라 "이유가 뭔데?" 물었더니 광주시 공공기관(기업) 채용지원 조례를 보여주면서 채용인원의 5%를 우선 채용한다는 내용을 보여줬다. 그 후 직업계고 교장단 회의를 소집하고 대응책을 논의한 후 광주시의회 소관상임위 의원 5명을 모시고 간담회를 개최하였다. 그 결과 광주시의회는 광주시 공공기관(기업)에서 인력을 채용할 때 고등학교 졸업자 우대 인원을 현 5%에서 20%로 상향한다는 내용으로 조례를 개정하게 되었다.

김용태 선생님은 기업의 채용현황을 분석하여 문제점을 도출해 낸 섬세함, 광역시의원 5명을 모시고 간담회를 추진한 인맥과 추진력, 조례개정의 필요성을 강조한 논리적 설득력 등을 지켜보면서 "김용태 선생님이 좀 더 큰 역할을 맡으면 광주교육발전에 큰 역할을 하겠구나."라고 생각하게 되었다.

위에 열거한 내용 외에도 모 대학교 교원 전자공학 부전공 연수 때 교수의 잘못된 사회현상 설명에 대해 본인의 불이익을 감수하면서 사과를 받아낸 점, 광주형일자리인 광주글로벌모터스 유치를 위한 끈질기게 노력한 점 등 많은 훌륭한 사례가 있다.

마지막으로 교직 생활할 때 평범한 나에게 형님이라 부르며 인간적 정을 준 점과 교육정책 업무에 괴로워하고 힘들어할 때 소주 한잔하면서 격려해주고 힘을 더해준 김용태 선생님의 사람다움을 여전히 잊지 못한다.

때로는 엄하게 때로는 사랑으로

박효동 제자, 광주전자공고 자동차과 1회, 국제수산 대표

고교 시절 나는 꽤나 거친 질풍노도의 시절을 지냈다. 지금부터 치기 어린 마음에 가출이 일상이었던 철없는 시절에 내 인생을 바꿔준 그분과의 이야기를 하고자 한다.

중학교 때까지 운동선수 생활을 했던 탓에 고등학교에 제대로 적응하지 못했던 시기, 방학 이후 가출을 반복하던 나는 학교를 점점 멀리했고 그때마다 방황의 정점에 선 나에게 김용태 선생님은 인간으로서 살아가야 할 방향을 알려주셨다. 그런 가르침에도 방황을 거듭하며 위태로운 학교생활을 이어갈 때마다 김용태 선생님은 실망하지 않고 내 곁에서 때로는 엄하게 때로는 사랑으로 보듬어주시며 지켜봐 주셨다.

출장을 가실 때도 항상 나를 챙겨주고 가셨고 학교가 쉬

는 날에는 혹여 다른 생각을 할까 등산을 같이 다녔고 학교가 끝나면 실습장에서 저녁 8시까지 자동차엔진 실습을 했다. 일요일도 반납하고 내게 실습지도를 하시고는 점심 때 큰 대야에 비벼주시던 밥과 손수 끓여주셨던 라면의 맛은 그 어떤 산해진미보다 소중한 기억으로 남았다.

 지금은 어느덧 중년이 됐고 아이 셋을 키우고 있는 나는 아이들에게 자신있게 이렇게 말한다. "아빠가 이렇게 300억이 넘는 기업의 CEO가 될 수 있었던 것 중 하나는 당시 김용태 은사님의 가르침이었다."

 존경하는 선생님, 지금도 생각이 납니다. 차별 없는 교육을 해주었던 선생님이 안 계셨더라면 제 삶도 올바른 가치관을 가지고 살지 못했을 겁니다.
 지금의 박효동이라는 제자를 있게 해주신 선생님! 항상 감사하고 사랑합니다.

솔선수범하며 앞장선 친구

배영진 중학교 시절 친구

우리는 지금으로부터 50여 년 전인 1976년 3월에 까까머리로 하늘색 윗도리에 얇은 쑥색바지 교복을 차려입고 처음 만났다.

손불면에 초등학교가 4개 있었는데 용태는 손불초교, 나는 손불서초교 출신이다. 용태가 나온 손불초등학교는 면소재지 중앙에 위치한 학교로 어린 시절 농사가 아닌 가게를 운영하는 상권의 자식들이나 공무원, 선생님 등의 자식들이 많이 다니는 학교였다. 내가 다닌 손불서초교는 거의 농사나 바닷일을 하는 부모를 둔 아이들이 다녔다.

또 용태는 집에서 손불중학교까지 걸어서 15~20분 정도면 등하교가 가능한데 나는 산중에서 비포장 길을 자전거로 30분, 걸어서 1시간이 넘게 걸려 용태가 무척이나 부러웠다. 나중에 알고 보니 우리 중학교의 스승인 故김윤수 선생님의 아들이라고 전해 들었을 땐 더 부러웠다.

우리들 중학 시절에는 엄한 선생님이 두 분 계셨는데, 영어 선생님과 음악 선생님이었다. 음악 선생님은 피리로 가곡 연주를 못 하면 학교에 남게 하여 할 때까지 집에 안 보내고 코맥주(식지와 중지 사이에 코를 넣고 잡아 빼는 벌)를 많이 주셨고, 영어 선생님은 영단어 외우기나 숙제를 안 해 오면 책상 위에 무릎을 꿇리고 의자를 들게 하는 벌을 주거나 대나무 회초리로 손을 힘껏 때리셨다.

나는 단 한 번도 용태가 선생님에게 맞거나 벌 받는 모습을 본 적이 없다. 지금 와서 생각하니 "부모 찬스"는 아닐까? 이런 농담을 하고 싶다.

내 기억에는 학교 성적도 반에서 1~3등 안이었던 것 같았다. 이 또한 중간에서 허덕이는 내 성적과는 비교되어 부러웠다. 여기서 성적 저조 핑계를 좀 댄다면 학교 끝나고 집에 가면 농사일과 집안일이 많아 다음 날 아침 등교 때 가방 찾느라 헤맬 때가 다반사였다고 하고 싶다. 아니 주위 사람들이나 우리 가족들에게 이런 식으로 성적 핑계를 댄다. 지금 와 생각해 보면 용태는 부모를 잘 만나서 집에서 예습과 복습을 할 수 있는 시간이 많아 성적이 상위권인지, 아니면 타고난 머리 덕분인지는 아리송하다.

나중에 성인이 되어 들은 얘긴데 손불초등학교 출신 애들이 전반적으로 성적이 좋은 이유가 있었다. 지금부터 50년 전인데도 스터디그룹이라는 공부방을 만들어 삼삼오오로 예습과 복습을 했다는 얘기를 들었는데 그들 중에 용태도 한 명이 아닌가 생각한다. 나중에 물어보니 용태는 아니었다고 한다.

내게 중학 시절에 딱 하나 자랑거리가 있다면 용태보다 큰 키다.
그 당시 키가 작은 사람부터 번호를 매기는데, 용태는 3년 내내 1~5번 안에 들었던 꼬맹이로 기억되고 나는 반 60여 명 중에서 중간 정도의 반 번호를 받은 기억이 난다.

우리들의 중학교 시절에는 농번기에 농촌 일손 돕기 일환으로 보리 수확과 모심기 등에 동원되곤 했다. 한 번은 학교 운동장 보수작업에 동원되었는데, 키가 작은 그룹에 속한 용태는 그들과 솔선수범하여 앞장서서 누가 보나 안 보나 끝까지 일하는 모습을 보여 주었다. 반면 키 크고 힘이 더 세고 일 잘할 것 같은 덩치 큰 친구들은 삼삼오오 모여서 농담하고 노는 장면만 기억에 남는다.

이렇게 중학 시절을 마치고 성인이 되어 용태는 학교선생님이 되었고 난 경찰관이 되었다. 난 6~7년 전 고향인 함평 손불면 서부파출소장으로 부임을 하였다. 그런데 곧바로 코로나가 발생하여 기관장회의, 자율방범대원회의 등 관련 행사와 대민활동을 자제하라는 지침이 있어 파출소에만 두문불출하고 있었는데 용태 친구가 우리 파출소 직원 사기진작 차원에서 위문품을 보내주고 내가 2년 근무할 동안에 3~4회 사비를 털어서 식사를 대접해준 일도 있다. 고향 출신으로 사업에 성공해 잘나가는 친구들도 안 하는 일을 용태가 했다.

용태의 이러한 호의는 단순히 시골 친구가 파출소장으로 부임해서가 아니라 용태의 고향 사랑과 정스러운 마음, 나아가서 국가(대중) 사랑을 몸소 실천하는 자세 때문일 것이다. 이런 용태가 우리들 마음속 깊이 오래오래 남을 것 같다.

김용태, 흔들림 없는 믿음의 기록

전상수 김용태 광주지부장 시절 초등광산지회장

나는 2013년부터 김용태 선생님과 현장에서 함께 걸어왔다. 전 노무현재단 광주시민학교장, 전 전교조광주지부장, 전 광주전자공업고등학교장, 그리고 23년의 중등교사 경력까지, 긴 이력을 떠올릴 때마다 먼저 생각나는 것은 직함이 아니라 사람이다. 선생님은 늘 급한 성과보다 하루의 변화를, 큰 제스처보다 조용한 약속을 믿었다. 아이들이 서로를 바라보게 하고 동료가 서로의 수업을 기꺼이 열어 보이게 하는 힘. 그 힘의 바탕에는 "교육은 관계로 완성된다."는 한결같은 믿음이 있었다.

특히 지부장 시절, 박근혜 정부의 탄압으로 조직이 법외노조 위기에 놓였을 때의 장면을 잊지 못한다. 선생님은 해직을 감수하겠다는 결기로 먼저 한 걸음 내디뎠다. 그것은 개인의 용기를 넘어 함께 일해 온 동지들과 학생들, 그리고 공공의 가치를 향한 책임의 선언이었다. 동시에 그는 더 넓은 파장을 헤아렸다. 17개 시·도에서 노조 전임 피해가 연쇄적으로 발생할 수 있다는 우려가 커졌고, 동료들의 간곡한 만류가 이어졌다. 그 순간 선생님은 자신의 결단을 접고 공동체의 안녕을 우선했다. 단호함과 연대, 결기와 책임이 한 몸처럼 움직인 선택이었다. 큰소리보다 깊은 숨으로 책임지는 리더십을 그날 우리는 보았다.

함께한 시간 동안 내가 배운 리더십은 '앞에서 끌기'보다 '곁에서 버티기'에 가까웠다. 회의가 길어져도 마지막까지 남아 한 사람의 의견을 정리해주고, 갈등이 생기면 당사자들의 목소리가 안전하게 만나는 자리를 먼저 마련했다. 그 과정에서 동료들은 실수해도 괜찮다고, 다시 시도할 수 있다고 믿게 되었고, 아이들은 "나도 배울 수 있다."는 자신감을 되찾았다. 선생님은 바꾸려 하기보다 가능하게 했고, 설득하려 하기보다 스스로 깨닫기를 기다렸다. 교육의 속도는 사람의 속도와 같아야 한다는 것을 그는 몸으로 보여주었다.

학교라는 울타리 안팎에서 선생님이 붙든 질문은 늘 같았다. "지금 여기의 배움은 누구를 위해 존재하는가." 시민학교에서는 지역의 삶과 교육을 잇는 다리를 놓았고, 현장에서는 '교사의 성장'이 곧 '학생의 변화'로 이어지도록 협력의 문화를 일구었다. 직함이 달라져도 방향은 바뀌지 않았다. 약한 자리로 시선을 돌리고, 소수의 목소리에 귀 기울이며, 이름 없는 시간을 오래 쌓는 일. 그 느린 실천이 공동체를 단단하게 만든다는 것을 그는 믿었고, 실제로 그렇게 살아왔다.

『사람 사는 교육』은 한 개인의 경력을 나열한 연대기가 아니다. 흔들림 많은 시대에 우리가 무엇을 붙들어야 하는지, 원칙이 어떻게 일상의 선택으로 번역되는지, 그리고 그 선택이 어떻게 사람과 조직을 살리는지에 대한 정직한 기록이다. 책장을 넘길수록 알게 된다. 선생님의 이야기는 특별한 영웅담이 아니라, 오늘 우리가 당장 시작할 수 있는 작은 실천들의 모음이라는 것을. 그래서 이 책은 위로보다 근거 있는 용기를, 충고보다 실천의 방법을 건네준다. 나는 동료 교육자와 학부모, 그리고 교실과 지역의 내일을 믿는 모든 독자에게 이 책을 기쁘게 권한다. 김용태 선생님의 발걸음을 따라가다 보면, 우리 각자의 자리에서 반드시 마주해야 할 한 가지 질문과 만나게 될 것이다. "지금, 나는 누구를 위해 무엇을 지키고 있는가." 그 질문 앞에서 우리는 더 이상 혼자가 아니다.

이름 없는 시간들이 공동체를 만든다. 김용태, 흔들림 없는 믿음의 기록.

얼굴이 살짝 부은 노무현, 김용태

김권섭 금호고 동기, 전남대학교 약학대학 교수

미국 유학 생활 10년을 마치고 대학에서 자리를 잡고, 과학자로서 열심히 살다 보니 50대에 접어들어서야 친구들을 찾고픈 마음의 여유가 생겼다. 그렇게 참가하게 된 금호고 동창회에서 친한 친구들과 재회했고 고등학교 다닐 때는 몰랐던 친구들과도 우정을 쌓게 되었다. 용태는 내가 고등학교 다닐 때나 대학교 때는 전혀 교류가 없었던 친구라 다른 친구들에 비하면 우정의 역사는 짧다. 하지만 그를 처음 봤을 때 느꼈던 신선한 충격은 아직도 생생하다.

그는 노무현 전 대통령과 도플갱어처럼 외모도 닮았지만, 하는 행동이 너무나 닮았다.
80년대 대학을 다녔던 사람들이라면 누구나 5·18민주화운동에 희생된 사람들과 노무현 전 대통령에 대해 마음의 빚을 안고 있다. 광주 사람으로서 5·18 때 고등학교 시절을 보내고 화염병과 지랄탄이 난무하던 대학 캠퍼스에서 목 터지게 '광야'를 불렀던 친구들은 더더군다나 노무현 전 대통령에 대해서는 그리움을 안고 살고 있다. 그는 역대 어느 대통령보다 권위를 타파하고 지역이기주의를 청산하기 위해 노력했던 위인이었기 때문이다.

동창회에서 처음 만난 용태에게 난 그런 농담을 건넨 적이 있다. '너는 자기 전에 라면 3개 먹고 자서 얼굴이 부은 노무현이라고.' 그런 농담에 그는 마치 퇴임 후 밀짚모자를 쓰고 자전거를 타고 동네를 돌던 노무현 전 대통령처럼, 환한 미소를 지으며 내 등을 두드려주었다.

외모뿐만 아니라 용태는 노무현 전 대통령의 인간적인 품성까지 너무나 닮았다. 그리고 타인을 배려하는 마음까지도. 동창회에서 막걸리, 소주잔이 오가며 감정이 격해진 자리에서도 화내는 모습을 본 적이 없다. 항상 술 취한 친구들의 하소연이나 투정에도 환한 미소를 지으며 그는 끝까지 친구들의 말에 귀 기울여주었다. 환갑을 앞두고 금호고 친구들이 대거 참가한 제주도 여행에서 처음으로 그가 내게 광주광역시 교육감 선거에 출마할 결심을 이야기했다. 그리고 그가 살아왔던 삶의 궤적도 함께.

나는 2009년부터 3년 동안 전남대 입학본부장을 하면서 광주·전남지역의 거의 모든 고등학교를 방문하며 진로, 진학에 대한 홍보도 하고 교육현장의 문제에 대해 고민을 했었기에, 용태의 교육감 선거 출마 소식에 놀라면서도 그가 펼치고 싶은 포부를 듣고 싶었다. 많은 이야기를 나누었다. 전교조 활동을 하면서 그가 가졌던 교육현장에서의 고민, AI 시대에 급변하는 교육과 산업 현장과의 괴리, 학생들의 가치관 변화, 무엇보다 '사람다움'이 사라져가는 시대의 아픔을 서로 토로하며 그가 가진 원대한 계획을 들었다. 그는 얼굴뿐만이 아니라 인간의 가치를 소중하게 여기고 미래를 향한 꿈을 가꾸는 측면에서도 노무현 전 대통령과 너무나 닮았다.

2023년부터 2년간 내가 금호고 7회 동창회를 이끄는 회장을 역임하게 돼 나는 용태에게 수석부회장 역할을 부탁했다. 그는 흔쾌히 회장단 구성에 동의해 주었고, 2년 동안 열심히 수석부회장 역할을 했고 2025년부터 금호고 7회 동창회장으로서 임무를 수행하며 동창회를 이끌고 있다.

동창회 회장단 일을 하면서도 그는 변함없는 모습으로 친구들을 감싸주었다. 2년 동안 신안 섬 투어, 충남 보령 여행도 있었고, 백령도 환갑 여행 등 동창들과 부부 모임 여행도 있었고, 금호고 개교 50주년 기념행사도 있었다. 모금 활동과 환갑 여행 등을 진행하면서 그는 성실하게 역할을 수행했으며 친구들의 참여도 독려했다. 항상 서로를 존중해 주면서 화합하며 일을 진행해 줬다. 행사가 끝날 때마다 그가 환하게 웃어주는 모습에 나는 친구지만 존경심이 우러나왔다. 노무현 대통령이 사후 더 국민들에게 존경받고, 역대 그 어느 대통령보다 마음에 잔영을 남기는 이유가 그가 추구했던 보편적인 가치와 인간다움, 그리고 아름다운 미소 때문이라는 나의 해석은 주관적인 것일까? 내 친구 김용태의 미소를 한 번이라도 직관한 사람은 그의 매력에 빠질 수밖에 없다. 그는 살짝 얼굴 부은 노무현 전 대통령의 완전한 도플갱어니까.

용태와의 인연과 그의 인간다움에 매료된 사건은 동창회 일로 추진했던 고 이철규 열사의 추모석 건립 과정 때였다. 우리처럼 금호고 7회 졸업을 하고 조선대에 진학했던 이철규는 1989년 5월 광주 제4수원지에서 싸늘한 변사체로 발견되었지만, 그 과정에서 벌어진 국가권력의 무자비한 만행은 세월이 흘러서도 제대로 사죄받지 못했다. 다행히 국가에서 '국민훈장 모란장'을 수여했지만, 그의 모친과 여동생은 여전히 그날의 상처를 안고 현재를 살고 있다. 용태는 누구보다 철규를 잘 알고 있었고, 철규 가족과도 여전히 연락하며 마지막 민주화운동을 함께했던 사람과도 친분을 나누고 있었다. 용태는 사람과의 인연을 소중히 생각한다. 세상은 좁았다. 나와도 친했던 그 사람의 이름이 용태의 입에서 튀어나오자 나는 운명이라는 생각이 들었다. 동창회에서 용태와의 만남은 그냥 친구 간의 만남이 아니라 운명적인 요소가 있는 것 같아 짜릿한 전류를 느꼈다.

용태는 일의 추진력에서도 노무현 전 대통령과 너무나 닮았다. 그 길이 옳다고 생각하면 막혀도 뚫을 방법을 고민했고, 길이 무너지면 돌아갈 길을 생각해 냈다. 길의 방향이 맞는다면 포기하지 않고 뚜벅뚜벅 걸어가고자 했다. 금호고 동창회 회장단 활동을 하면서 2년 넘게 보였던 그의 추진력과 인간다움을 살펴본 나는 자신 있게 말할 수 있다. 그가 광주광역시 교육감의 대업도 누구 못지않게 잘해내리라는 것을.

전남대 약학대학 학장, 입학본부장으로 봉사했고, 전국입학처장협의회 회장을 하면서, 나도 광주·전남 지역의 진로, 진학을 위해 최선을 다해왔다. 나는 교육전문가로서 그가 노무현 시민학교장, 광주전자공고 교장 경력이 있는 것이 무엇보다 반갑고 다행이라고 생각한다. 현대가 원하는 인재는 자율적인 인간이고 전문적인 인간이다. 인간의 가치를 높게 가슴에 품고 사회와 환경을 걱정하고 자기의 가치를 실현할 수 있는 인재다. 내 친구 김용태는 그런 인재에 대해 누구 못지않게 고민하며 교육현장에 있었고 인재를 키우며 살아왔다. 인간의 가치뿐만 아니라 AI, 재생에너지, 환경, 로봇 등 첨단 방향에 대해서 그 누구보다도 구체적인 교육 플랜을 가지고 있다. 결과도 중요하지만 올바른 방향과 과정의 가치도 잘 알고 있기에 그는 중요한 변화의 시점에서 마중물로서 자신의 역할을 시대적 소임으로 생각하고 있다.

노무현 전 대통령처럼 그는 권위를 바라거나 직위에 대한 욕심이 없다. 다만, 더 큰 봉사와 사회에서의 역할을 위해 큰일을 하고 싶어 한다. 광주 사람은 모두 특별하다. 5·18이 그렇게 우리를 만들었고, 우리는 먼저 간 5·18 영령들에게 모두 마음의 빚을 지고 산다. 내 친구 김용태는 누구보다도 열심히 민주화를 위해 투쟁했고, 전교조 활동, 노무현 시민학교장을 하면서 5·18 영령들과 노무현 전 대통령의 가치를 후손들에게 물려주려고 노력하며 살아왔다. 그런 그가 좀 더 높은 곳에서 더 많은 사람들에게 봉사할 수 있는 기회를 갖길 바란다. 그리고 모든 일을 마친 후 막걸리 한 잔을 나누며 그와 함께 나이를 먹어가고 싶다.

한 번쯤 지친 가슴을 안고 사는 사람은 밤하늘에 떠 있는 달을 쳐다보길 바란다. 그래도 피곤하고 힘든 사람은 내 친구 김용태의 환한 미소를 한 번 바라보길 바란다. 살짝 부은 얼굴의 노무현 전 대통령이 지친 그대를 위해 환한 웃음을 지어줄 테니까.

늘 사람의 마음을 먼저 헤아리는 모습

정세호 초등교사, 전 전교조 광주지부 교권국장

　김용태 선생님과의 인연은 전교조가 2013년 10월 24일 고용노동부로부터 법외노조 통보를 받은 시기로 거슬러 올라갑니다. 당시 지부장과 지회장으로서 힘난한 시기를 함께 헤쳐나가면서 선생님의 진면목을 보았습니다.

　신용복 선생님의 책 『담론』에 "머리에서 가슴으로, 가슴에서 발로"라는 글귀가 나옵니다. 아마도 차가운 이성과 따뜻한 가슴을 가지고 행동하는 사람이 되라는 말이지 않을까 생각합니다. 전교조의 법외노조 투쟁으로 조합원이 대거 이탈하던 위기의 시기, 김용태 지부장께서는 냉철한 혜안과 열정으로 저와 초등광산 집행부의 중심을 잡게 해주셨고, 45개 학교를 모두 순회하여 오히려 더 많은 조합원을 가입시킬 수 있는 힘을 주었습니다. 위기를 기회로 만들 수 있는 그분의 뚝심과 열정이 빛나는 순간이었습니다. 또한 전교조

2013년 전교조 광주지부장 시절.

선생님과 비전교조 선생님을 아우르기 위해 배구 대회를 열어 축제의 장을 만들기도 하였습니다. 항상 사소한 의견에도 귀 기울여주시고 함께 고민하고 함께 행동해주시는 실천하는 지부장이었습니다.

김용태 선생님의 삶을 마주할 때마다 저는 노무현 대통령을 떠올리게 됩니다. 소박하지만 원칙에 충실하고 강직하지만 늘 사람의 마음을 먼저 헤아리는 모습에서 '참된 지도자'의 품격을 봅니다.

김용태 선생님의 삶은 우직한 교사의 교육 민주화와 정의를 향한 치열한 여정의 산 증거라 생각합니다. 김용태 선생님의 따뜻함과 강직함이 늘 한결같기를 기원합니다.

먼저 마음의 문을 열어주신 선생님

윤빛나 현 사립교사, 광주전자공고에서 함께 근무

　지금까지 제가 바라본 김용태 교장선생님은 늘 칭찬과 격려를 아끼지 않는 분이셨습니다. 처음으로 교직 생활을 시작한 학교에서 교장선생님을 만나게 된 것은 큰 행운이었습니다. 첫 발걸음을 내딛던 그때 모든 것이 낯설고 두려웠지만, 교장선생님은 언제나 따뜻한 눈웃음과 격려의 말씀으로 저를 맞아주셨습니다. 늘 학생들이 전해준 제 이야기를 들려주시며 "빛나 선생, 학생들이 선생님을 참 좋아하더군요. 아이들이 증명해주는 교사가 최고의 교사예요." 하고 말씀해주셨습니다. 교사 생활을 하다 보면 때로는 지치고, 제 자신을 의심하게 될 때도 있습니다. 하지만 그런 말씀을 들려주실 때마다 저는 스스로가 조금 더 괜찮은 교사일지도 모른다는 용기를 얻었습니다. 늘 부족하다고 생각했던 저의 마음을 다시 단단히 다지곤 했던 순간이었습니다. 저에게 교장선생님은 교직 인생의 첫 장을 열어주신 분입니다.

교장실 문을 열면 늘 편안한 분위기가 있었습니다. 차나 음료는 물론, 때로는 과일까지 내어주시며 제 이야기를 들어주셨습니다. 교장실은 단순한 업무 공간이 아니라 지친 마음이 내려앉는 안식처였고 다시 교실로 돌아갈 힘을 얻는 따뜻한 품이었습니다. 부담 없이 문을 열 수 있었던 건 언제나 교장선생님께서 먼저 마음의 문을 열어주셨기 때문이라 생각합니다. 편안한 마음으로 앉아 듣던 김용태 교장선생님의 말씀 한마디는 저에게 언제나 길잡이가 되었고 오래도록 제 마음속에 머물고 있습니다.

　교장선생님의 목소리는 마치 성악가처럼 깊은 울림이 있었습니다. 단호해야 할 때는 힘 있게, 격려해야 할 때는 따뜻하게 울려 퍼졌습니다. 무엇보다 제가 교장선생님을 존경하는 이유는 어려움과 곤란한 일이 닥쳤을 때마다 언제나 명쾌하게 해결해 주셨다는 점입니다. 갈피를 잡지 못해 헤맬 때도, 복잡하게 얽힌 문제 앞에서도, 교장선생님은 언제나 핵심을 집어내셨습니다. 흔들리지 않는 태도로 해결책을 제시하시는 모습을 보며 저는 '참된 리더란 이런 분이구나.' 하고 깊이 배웠습니다. 그 단호하면서도 따뜻한 결단력은 저에게 큰 울림으로 남아 있습니다.

　무엇보다 교장선생님은 언제나 '사람이 먼저'라는 가치를 몸소 보여주셨습니다. 교사 한 명, 학생 한 명의 이야기를 귀담아 들어주셨고, 그 속에서 모두가 존중받는 문화를 만들어주셨습니다. 동시에 교장선생님은 위트 있고 재치 있는 분이셨습니다. 회의 자리에서 한마디 유머로 긴장을 풀어주시고, 복도에서의 짧은 대화 속에서도 웃음을 주셨습니다. 그 웃음 속에서 우리는 함께 일하는 즐거움과 넉넉한 여유를 배울 수 있었습니다. 웃음이 있는 학교가 얼마나 건강한 공간이 될 수 있는지를 깨달은 소중한 배움이었습니다.

교직 생활의 첫 출발점에서 만난 김용태 교장선생님은 제게 '좋은 교사란 어떤 마음가짐을 가져야 하는가.'를 몸소 보여주신 분이셨습니다. 앞으로도 교장선생님께서 보여주신 따뜻함과 지혜를 가슴 깊이 새기며 교직 생활을 이어가고자 합니다. 이번 책을 통해 교장선생님의 발자취가 더 많은 이들의 마음에 따뜻하게 스며들기를 진심으로 바랍니다.

김용태의 1984
– 김용태의 대학 시절 한 토막

이상걸 대학 선배, 전 대통령직속 국가균형발전위원회 국장

1984년 나는 전남대 경영대 4학년이었고 전남대 학생운동을 나름 이끄는 위치에 있었다. 김용태는 나와는 단과대가 달라 이전에는 교류가 거의 없었던 사이였다. 당시 4학년이던 우리 81학번들은 예상치 못한 정부의 유화조치에 적잖이 당황했다. 80년 5·18 이후 점차 고조되던 대학가 시위의 대응책에 부심하던 군부정권이 학내 상주 경찰을 모두 철수시키고 소위 '유화국면'을 조성했다. 이미 상반기 투쟁일정과 시위주동자 순번이 정해져 있었지만 시위를 주동해도 잡아가지 않는 상황이 너무 낯설었다.

1984년 그해에 김용태는 전남대 사대 물리교육과 3학년이었다. 유화국면에 따라 학생들의 반독재 민주화 투쟁도 변화된 '준합법공간'에 맞춰 대중적 지위가 확보된 학내 기구 간부들의 역할이 중요했다. 마침 서클(동아리)연합회 회

장으로 당선된 김용태나 당시 호국단 학생회에 참여한 일부 간부들이 자연스럽게 집회의 주도자로 부상되었다. 김용태는 당시 '학원자율화추진위원회(이하 학자추)'의 학원자율화 시위 중 교내 본관 건물 뒷편의 정보기관원 상주CP 철거를 요구하다 결국 방화로까지 확대된 시위에 주도적으로 참여하여 징계 처분을 받게 된다.

그러나 곧이어 4월 말에 출범한 '민주화회복추진위원회(이하 민회추)'에 3학년이었지만 자원하여 참여하였다. '민회추'는 '학자추'를 정치 민주화 투쟁 중심으로 발전시킨 투쟁기구였다. 민회추는 지산동 및 용봉동 자연마을에 방을 얻어 회의 장소 겸 숙소로 사용하였다. 매일같이 야심한 밤에 비트(비밀아지트)에 모여 회의를 하고 다음 날 각자의 조직으로 흩어지곤 하였다. 그해 5월 김용태는 5월 진상규명 및 학생들의 자주적인 학술 활동과 비판적인 문화 행사로 구성된 용봉축제를 기획하여 실행하려 했으나 행사를 못 하게 하는 정보당국과 학교 당국에 대항하다 학생활동을 이유로 5월 30일 제적을 당하게 된다.

제적이 된 이후 김용태는 강제징집을 거부하고 노동 현장으로 삶의 이전을 모색하였으나, 군 기피 신분으로 어려움을 겪던 중 다시 학내로 돌아와 '민회추' 활동에 합류하였다. 졸업 후 교사가 되는 꿈을 포기한 채 김용태는 비트에서 숙식하며 생활하였고, 회의가 있는 날엔 음식 공급, 혹시 모를 상황에 대비한 경계근무, 회의 후 간식 등 동료들의 수발을 도맡아 하였다. 그래도 그는 늘 유머와 낙천적인 성품으로 분위기를 밝게 하곤 하였다.

그해 11월 추위가 엄습하던 어느 날, 마침내 '민회추'를 예의주시하고 추적하던 정보당국이 비트 위치를 알아내고 새벽에 기습하였다. 그때가 11월 3일 학생의 날 전국적인 교내외 시위 후 군부정권을 종식시키기 위한 다음 투쟁 방향을 모색하던 때였다. 그날 '민회추' 위원들은 심야회의를 마치고 뒤풀이를 하고 새벽녘에 잠깐 잠이 들었다. 동이 틀 무렵 일찍 잠자리에서 일어난 김용태가 부엌에 나가 음식 준비를 서두르던 순간 정보과 형사 10여 명과 전투 경찰들이 들이닥쳤다. 부엌에서 김용태가 황급히 기관원을 가로막으려던 순간 외마디 비명과 함께 온몸을 얻어터지며 쓰러졌고, 방 안에 있던 10여 명이 저항해 볼 틈도 없이 모두 일망타진되고 말았다. 1984년 전남대 시위를 이끌던 '민회추'의 마지막 장면이었다.

김용태 교장은 할 일이 있으면 회피하지 않고 책임감이 투철한 학생이었다. 솔직하고 의리가 있었으며 인간적인 성품을 지녔다. 소탈하고 대범했던 그의 모습을 떠올리면 나도 모르게 빙그레 웃음 짓게 된다. 잡혀간 이후 우리 81학번들은 군대에 강제로 끌려갔지만 김용태는 그 후 교도소에 수감되었다가 석방 후 노동 현장 어디에선가 그만의 싸움을 계속하고 있다는 말을 들었다. 그리고 또 십여 년이 지나 노동 현장에서 노조 위원장을 지낸 여자 후배와 김용태가 결혼할 때 다시 그를 만났다. 고생이 역력한 얼굴이었지만 여전히 밝고 천진한 그를 보고 그에게는 교사의 길이 천직임을 확인하였다. 30여 년이 지나 교사의 길을 걷다가 퇴직하고 더 큰 꿈을 향해 다시 발을 내딛는 그의 발걸음을 응원한다. 아이들과 학생들을 향한 욕망이 아니라 소탈하고 천진한 그의 꿈이라 여기기 때문이다.

빵끼쟁이 김용태, 전략이 있는 사람

장화동 공장 노동자 시절 친구, 전 민중연대 집행위원장

　자동차정비공업사와 연탄공장이 밀집해 있었던 송암공단, 80년대 중반, 그와 나는 거기에 있었다. 그는 군복무 소집해제와 동시에 노동운동에 투신하기 위해 위장취업을 했고, 나는 대학을 무사히 졸업하고 나서 야학에서 만난 노동자들과 함께 사는 것이 제일 행복할 것 같아서 '꼬마'로 취직을 했다.

　그는 '빵끼쟁이'로 기름밥을 먹은 지 3년이나 되어서 후끼질을 능숙하게 해대는 어엿한 '중꼬마'였고, 나는 '아데방' '짝수발' 같은 연장 이름은 물론, 10미리와 11미리 스패너를 구분 못 한다고 날마다 구박을 받는 '판금쟁이' '꼬마'였다. "내가 직책이 '꼬마'지 인간이 '꼬마'가 아니다." 라는 신음을 하루에도 수십 번씩 울대로 삼키던 시절, 그와 나는 아는 척도 친한 척도 해서는 안 되는 사이였다. 버스종점에 있던 포

장관호 북콘서트에서.

 장마차에 페인트로 얼룩진 유난히 지저분한 작업복 차림의 사람이 보이거나, 기차 화통 쪄 먹을 우렁찬 목소리가 들리면 그가. 오늘도. 여기. 있구나. 하곤 했다

 그는 반장급들의 모임인 '정백회'에서 '꼬마'였고, 나는 꼬마들의 모임인 '동백회'의 대장이었다. 94년, 복학한다고 공장을 그만뒀을 때 송암공단이 발칵 뒤집혔다. 10여 년을 동고동락했던 '정백회' 회원들은 도무지 상상이 안 되는 일이었다 한다.
 "뭐? 용태가 대학생이었다고?"
 "뭐라고? 선생이 된다고?"

전략은 가볍게 드러내는 것이 아니다. 2006년, 그는 선생님으로 나는 민중연대라는 단체에서 상근하고 있었다. 그는 4년 후에 교육감 직선제가 처음으로 실시된다며 선문답 같은 화두를 던졌다. 광역 단위 선거는 언감생심 공허하게 들렸으나 그는 집요했다. 광주의 모든 역량을 모아낼 수만 있다면 충분히 실현 가능한 꿈이라고 했다. 그와 같은 꿈을 꾸는 데 2년이 걸렸다. '광주전남 교육연대'를 만들었고 이후 '광주교육희망네트워크'로 확대 발전하였다.

2010년 6월 2일, 최초의 직선교육감선거 출구조사 결과 발표가 압승이다. 화장실에 가서 엄청 울었다. 그냥 눈물이 펑펑 쏟아졌다. 그때까지도 사무실에 카메라는커녕 기자들 한 명 없었다. 꽃다발도 없었다. 그리고, 그 자리에 그도 없었다. 어렵고 힘든 매 순간 그가 있었지만 그날은 없었다.

전략은 그것이 현실이 되는 순간 없어지는 게 맞다. 김용대가 전략이다. 니는 시민후보기 당선되기까지 처음부터 마지막까지 있었다. 그리고 김용태는 잠깐 인수위에 명단을 올렸지만 다시 현장의 교사로 전교조에서 부지부장을 하고 있었으며, 이후 전교조 광주지부장에 당선되어 전교조 법외노조에 맞서 여전히 투쟁하는 자리에 남아 있었다.

내 영원한 전교조 광주지부장
김용태 선생님

김도영 전교조 광주지부 전 정책실장, 전 통일위원장

2004년 전남공고로 신규 발령을 받은 직후 전교조에 가입해, 2025년 지금까지 분회, 지회, 지부에서 분회장, 지회장, 정책실장, 통일위원장으로 쉼 없이 달려왔다. 좀 지나칠 정도로 전교조 중심으로, 전교조 동료 선·후배 선생님들과 함께했던 교직 생활이었다. 그 과정에서 자연스럽게 김용태 선생님과 인연을 맺게 되었다.

교직 초년 내 기억 속 김용태 선생님은 전교조 선생님들의 체육행사를 지켜보며, 행사가 끝나기를 기다렸다가 운동장에서 하얀 목장갑을 낀 채 삼겹살을 굽고, 밥을 비벼주시던 선배였다. 얼굴은 크고, 피부는 검고, 나이 지긋하게 들어 보이는, 그래서 좋은 사람인 것은 같은데 약간 거리감이 느껴지기도 했던 그런 선배의 모습이었다. 그런데 알고 보니 학생운동과 노동운동을 하다 늦깎이로 물리교육학과를 졸업하고 직업계고에서 자동차 관련 교사로 에너지 넘치는 학생들과 운동장을 누비고 있던 40대 초반의 젊은 교사였다. 그리고 사람 좋아 보이고 바보스러울 정도의 환한 웃음의 반전 매력을 지닌 선배였다.

전교조 활동을 하며 궁금한 점이 많았던 나는 주변 선배를 찾아 묻곤 했었다. 교육 현안과 현장의 어려움, 교육과 노동, 참교육과 혁신학교, 진보 교육감과 노동조합, 지속 가능한 광주지부, 조합원 학교 등등. 2011년 겨울 전교조 전국 일꾼 연수 자리였다. 잠깐 개인적으로 이야기 나눌 기회가 있어 같은 질문을 선생님께 드렸는데 쉽고, 구체적이고, 경험에서 우러나온 솔직 담백한 답변에 놀랐던 기억이 있다. 그리고 몇 년 후, 그때의 기억이 2014년 전교조 지부장과 정책실장으로 함께하는 계기가 되었다.

2013년 10월 24일. 전교조는 박근혜 정부로부터 '노조 아님' 통보를 받았다. 당시 지부장인 선생님은 본부의 방침과 타·시도 지부에 발맞춰 '해직'의 길을 기꺼이 감내하려 했었다. 결과적으로 광주지부 집행위 다수의 결정으로 멈춰 설 수밖에 없었으나 그 과정에서 선생님은 자신의 소신과 원칙, 담대함을 충분히 보여주셨다. 개인적으로 집행위 다수의 결정으로 원칙과 소신을 접을 수밖에 없었던 선생님에게 지부를 함께했던 전임자 일원으로 지금까지도 미안한 마음

2014년 11월 19일 공적연금강화투쟁.

을 갖고 있다. 지부 전임자를 마치고 술 한잔 기울인 후 헤어지며 술기운을 기대 '내 영원한 지부장 김용태 선생님 사랑합니다.'라는 문자를 보냈던 기억을 떠올려 본다.

끝으로 누군가 '그래서 김용태가 어떤 사람이야?' 묻는다면, 자기를 낮춰서 주변을 높여주는 사람, 전교조와 동료 교사가 있어 자기가 빛이 나는 줄 아는 사람, 결과에 승복하며 함께할 줄 아는 사람, 그래서 참 좋고 믿을 수 있는 사람이라고 말해주고 싶다.

늘 그늘을 드리우며
사람들을 품어주는 나무 같은 벗

임양재 고향 친구, 전 경찰청 경정

　내 친구 용태는 시골 마을 한가운데 당산 느티나무와 같은 사람이다. 사시사철 풍파를 이겨내며 한 자리를 지켜온 수백 년 느티나무처럼, 그는 외롭게 우뚝 서 있으면서도 마을을 지켜주는 수호신 같은 존재였다.

　느티나무는 표면이 거칠기도 하고, 때로는 매끈한 부분도 있지만 속은 단단하다. 용태 또한 그러하였다. 1980년대 학생운동과 노동운동 속에서 거칠고 치열한 삶을 살아냈으나, 동시에 따뜻하고 부드러운 마음을 지닌 사람이다. 그의 속은 강직하여 흔들림이 없었으며, 언제나 사람들을 품어주는 느티나무 그늘처럼 제자와 지인들에게 넉넉한 쉼터가 되어주었다.

　용태의 고향은 전라남도 함평군 손불면 지사리, 옛 용흥마을이다. 마을 당산에는 느티나무가 있었고, 사람들은 이

곳을 흔히 '지사리'라 불렀다. 아마 지초가 많은 골짜기 마을이었을 것이다. '지란지교(芝蘭之交)'라는 말처럼, 그곳에는 성품이 곱고 인성이 바른 사람들이 모여 살았다. 그의 고향은 광산김씨 마을로, 1730년경 선조 김세옥(29세손)이 터를 잡아 300년을 이어온 자작일촌이다. 문중은 절의를 숭상하는 기개 있는 집안으로, 선조 김종진(25세손)은 1598년 정유재란 마지막 전투인 노량해전에서 장인 나치용과 함께 왜군에 맞서 싸우다 순절하였다. 이후에도 함평 지역에서 이름난 인재들이 배출된 명문가였다.

부친은 중학교에서 미술을 가르치던 교사였다. 화가의 길도 가능했지만 가난한 집안 사정으로 사범학교를 졸업하고 일찍 교직에 나섰다. 모친은 90세가 넘은 지금도 밭일을 놓지 않으시며 평생 자식들을 위해 헌신하신 분이다. 젊은 시절 시집와서는 15명의 대가족을 부양하며 흙과 재 묻은 손으로 살림을 꾸리셨고, 민주화운동으로 경찰의 추적을 피해 숨어 지내던 아들의 안위를 위해 새벽마다 정화수를 올리며 기도하곤 하셨다.

용태는 어릴 적부터 직선적이고 성실한 학생이었다. 손불초등학교 시절, 스승의 말씀이라면 가리지 않고 따르던 모습은 지금도 잊을 수 없다. 백일장과 독서대회에서 늘 수상했고 영어를 알지 못하던 시절 이미 몇 마디를 구사하던 그는 시대를 앞서간 학생이었다. 손불중학교에 진학했을 때 부친이 같은 학교에서 교편을 잡고 있었는데, 늘 자애로운 스승 덕분에 그의 학창 시절은 따뜻한 기억으로 채워졌다. 미술에도 재능이 있었으나 학업 전반에 뛰어나 결국 광주 금호고등학교로 진학하였다.

고등학교 시절은 가난과 투쟁의 연속이었다. 시골에서 쌀과 김치를 보자기에 싸서 먼지 나는 버스를 타고 광주까지 오가며 반찬이 떨어지면 맨밥에 마가린과 간장을 비벼 먹었다. 그러던 시절, 우리는 1980년 5월의 광주를 함께 겪었다. 그것은 우리의 청춘을 영원히 바꿔놓은 사건이었다.

1982년 그는 전남대학교 사범대에 입학하였다. 집안의 지원은 넉넉지 않았으나 5·18의 기억 속에서 학생운동의 길을 선택하였다. 1983년에는 동아리연합회장을 맡아 누구보다 앞장서 활동했다. 결국 그는 경찰에 체포되어 혹독한 고문과 구타를 당했다. 당시 나는 의무경찰로 광주서부경찰서에 근무 중이었는데, 학생운동기로 끌려와 발길질을 당하던 용태를 목격했다. 그날 나는 아무것도 해줄 수 없어 그저 눈물만 흘리며 면회실에 앉아 있었다.

그는 이후에도 끊임없이 투사가 되었다. 경찰의 추적을 피해 공장 노동자로 위장해 5년을 현장에서 보냈고, 다시 체포되어 방위병으로 군 복무를 대신해야 했다. 후배들 밑에서 졸병 생활을 감내하며 자존심을 굽혔으나 그는 끝내 무너지지 않았다.

복학 후 물리교육과를 졸업한 그는 교편을 잡았다. 공장 노동자의 삶을 경험했던 그는 가난한 제자들의 아픔을 누구보다 깊이 이해했고, 그들과 함께하며 산학교육의 씨앗을 뿌렸다. 이후 전교조 광주지부장을 맡으며 교권 신장과 민주화에 헌신했다. 누군가 왜 고난의 길만 가느냐고 물으면, 그는 "내 한 몸이 손가락질을 받아도 이 길이 교권 발전과 민주화의 밑거름이 된다면 만족한다."고 답했다.

용태의 삶은 어느 고전의 한 구절과 닮아 있다.
"존이감당(存以甘棠), 거이익영(去而益詠)."
주나라 소공이 감당나무 아래에서 백성의 이야기를 들어주자 소공이 떠난 뒤에도 백성들은 그를 노래로 기렸다. 용태 또한 마치 감당나무와 같이 제자와 사람들의 이야기를 들어주며 묵묵히 곁을 지켜주었다. 훗날 우리가 그의 이름을 노래처럼 되새길 이유가 여기에 있다.

그는 참으로 느티나무 같은 사람이다. 거칠면서도 속은 단단하고 늘 그늘을 드리우며 사람들을 품어주는 나무 같은 벗이었다.

한 방울의 이슬로 우주를 본다

노희정 대학 선배, 광주교육대학교 교수

1980년대 초반 대학가는 전두환 군사정권의 억압과 학생운동의 격랑이 교차하는 시기로 억압과 저항, 절망과 희망이 공존하던 공간이었다. 캠퍼스 안에 사복 경찰이 상주하며 학생들의 동태를 감시했고 학생들은 감시와 연행의 두려움을 느끼며 은밀히 이념 서적을 읽고 토론했다. 그런 시대 속에서 운암동 철로가 단독 주택 2층, 내 자취방은 그런대로 햇살이 스며드는 나름 아늑한 공간이었다.

자취방으로 찾아오던 후배, 김용태

"형, 문 열어요!"

내 자취방에는 교육연구회 1년 후배들이 예고 없이 들이닥치곤 했다. 고 노무현 대통령을 너무나 닮은 용태를 포함해 고등학교 후배인 영민이, 책을 가까이한 성종이 등 82학번들이 찾아와 토론하곤 했다. 나는 그들과 자취방에서 『해방전후사의 인식』, 『8억인과의 대화』, 『철학에세이』, 『페다고지』 등에 나오는 사례와 주제에 대해 때로는 핏대를 세워 토론했고 때로는 두서없이 이야기를 나누곤 했다. 책의 구체적 내용에 대해 토론할 때보다 실천적 삶의 문제에 대해 논의할 때 더 진지했고 치열했다. 우리는 한결같이 "왜 사느냐보다 어떻게 사느냐가 중요하다." "민중 속으로 들어가야 한다." "지식인이 아니라 지성인이 되어야 한다." "먹물 근성을 버려야 한다." "체제 순응적 교육을 청산해야 한다." "은행 적금식 교육이 아니라 문제 제기식 교육을 해야 한다."는 것에 합의했다.

내 자취방에는 당시 철학을 전공한 친형이 읽었던 책들이 많았다. 이것을 알 턱이 없는 용태는 책이 많다고 놀라며 "형, 무슨 책이 이리 많아요? 이 책을 다 읽었어요?" 나는 빙그레 웃으며 "어떻게 다 읽어!" 하고 답한 적이 있다. 지금 생각하면 우습기 짝이 없다. 당시 나는 칸트를 제대로 알지도 못하면서 칸트의 말을 인용하며 용태에게 훈계하기도 했다. "개념 없는 직관은 맹목이요, 내용 없는 추상은 공허하다." 1983년 말부터 우리나라에 〈부시맨〉이라는 영화가 상영되어 히트를 치고 있었다. 영화의 내용은 이렇다. 남아프리카공화국 원주민 코이산족 사람들 앞에 비행기 조종사가 콜라를 다 마시고 창밖으로 병 하나를 던진다. 코이산족 사람들은 하늘에서 떨어진 콜라병을 신이 하늘에서 내려준 물건이라 생각한다. 어떤 사람은 처음 본 콜라병을 소리 내는 악기로 보고 또 어떤 사람은 음식을 만드는 도구로 본다. 이러한 예를 들면서 내가 콜라병에 대한 개념이 전혀 없는 코이산족 사람들이 눈앞의 콜라병을 악기나 도구로 보는 것은 전형적인 맹목에 해당한다고 훈계하듯 열을 올릴 때, "행동이 없는 개념(이성)은 죽음"과 같다거나 지금은 "행동하는 양심"의 필요성을 내세우며 반발하지 않고 경청하고 고개를 끄덕이던 용태의 모습이 지금도 눈에 선하다.

교원노조 설립의 필요성을 제기한 공개토론회

1984년 6월 용봉축전에서 전남대학교 학도호국단이 주최하고 우리 교육연구회가 주관하여 대강당에서 '교원노조 설립의 필요성과 당위성'을 주제로 다소 용감하게 공개토론회를 개최했다. 군사정권하 서슬 퍼런 학내 분위기 속에서 교육연구회 2, 3학년 회원들이 중심이 되어 당시 교직을 성직 혹은 전문직으로 보는 교직관에 대해 비판하고 노동직관을 전면에 부각하고자 했다(이 지면을 통해 당시 서클 지도교수와 학부 지도교수로서 고통을 감내해주신 교육학과 임재윤 교수님과 김병욱 교수님께 감사의 말씀을 전한다). 나는 사회자로서 2학년(82학번) 후배들은 토론자로서 "교원노조 결성이 교육 민주화의 출발점"이라고 목 놓아 주장했다. 당시 우리나라의 유일무이한 교원 단체였던 한국교원단체총연합회(이하 한국교총)가 어용단체로서 그 한계를 노정하고 있음을 신랄하게 비판하고 미국의 양대 교원노조인 '전미교육협회(NEA)'와 '미국교사연맹(AFT)', '일본교직원조합(이하 일교조)', 그리고 영국의 '전국교사조합(NUT)'의 사례를 소개하며, 우리나라의 교사도 교육권(교권)만이 아니라 일반 노동자처럼 단결권, 단체교섭권, 단체행동권을 보장받아야 한다고 주장했다. 이는 학내에 큰 반향을 일으켰다고 생각한다. 훗날 광주전교조지부장을 역임한 김용태 교장이 나를 만나면 이 공개토론회를 거론하며 칭찬할 때마다 한편으로는 고맙지만, 불편함과 부끄러움을 떨쳐버리지 못하고 있는 것 또한 사실이다. 사실 당시 82학번이었던 김 교장이야말로 이를 온몸으로 실천한 교육운동가로 칭찬받아 마땅하다.

밤새워 토론했던 수련회

1985년 이후 교육연구회도 사회구성체 논쟁에서 자유로울 수 없었다. 1985년 겨울인지 1986년 겨울인지는 정확하지 않지만 교육연구회 졸업생과 재학생은 수련회장에서 함께 밤을 새워가며 민족해방(NL), 제헌의회(CA), 민중민주(PD) 노선에 대해 치열하게 토론했다. 나는 대학을 졸업한 선배 자격으로 참여하여 NL의 입장에서 민족·민주·인간화 교육의 필요성을 역설하고, 현실적 역량 강화와 점진적 개혁을 주장한 것으로 기억한다. 그러나 재학생들은 같은 NL의 입장이지만 보다 강력한 투쟁을 주장했다. 당시 전남대 동아리연합회장을 맡고 있었던 용태를 위시한 후배들은 나의 나약한 준비론적 입장보다는 투쟁론을 내세웠던 것으로 기억한다. 당시 선후배 간의 논쟁은 단순한 이념 다툼이 아니었다. 그것은 "한 인간으로서 어떻게 살 것인가?"에 대한 이론적 탐색이자 실천적 방법의 모색이었다. 어느 철학자가 주장한 것처럼, "이론은 별빛이요, 실천은 그 빛을 따라가는 발걸음이다." 이론은 우리가 지향해야 할 방향이나 목표를 제시하는 별빛과 같지만, 실제로 그 빛을 따라 나아가는 발걸음은 실천을 통해 이루어진다고 할 수 있다. 40여 년 전, 운암동 자취방과 수련회에서 피어난 사유와 토론이 수많은 시행착오를 거쳐 오늘날 현실로 발돋움하고 있다고 생각한다. 어설픈 나는 이를 제대로 실현하지 못했지만, 자랑스러운 후배 김용태는 그것을 실현하고 있다.

한 방울의 이슬로 우주를 본다

몽골에 "한 방울의 이슬로 우주를 본다."는 속담이 있다. 이는 작은 이슬방울 안에 우주 전체가 담겨 있다는 말이다. 나는 김용태 전 노무현 재단 광주지역위원회 시민학교장을 보면 이 속담이 떠오른다. 이슬방울은 겉보기에 아주 작고 미미한 존재이지만 그 속에 크고 심오한 진리나 우주의 본질이 숨어 있다는 것이다. 사실, 누구나 지극히 작은 존재나 현상 속에서도 전체의 모습이나 진리를 읽어낼 수 있을 것이다. 나는 김용태 전 시민학교장의 사람과 세상을 대하는 뜨거운 열정과 시선 하나하나가 지도자로서의 핵심 역량과 품성을 보여주고 있다고 생각한다.

나는 교육과 사회에 대한 김용태 교장의 뜨거운 열정이 강물처럼 살아 흐르고 있다고 생각한다. 노무현 대통령의 말씀처럼, "강물은 결코 바다로 가는 것을 포기하지 않는다. 평지에서도 굽이쳐 흐를 때가 있을지라도 강물은 바다로 가는 것을 포기하지 않는다." 김용태 교장은 대학 시절부터 지금까지 보여준 겸손함과 공감능력, 원칙과 유연성의 균형 능력, 그리고 교육학적 소신과 디지털 소양을 바탕으로 부단히 미래 교육의 비전을 수립하고, 사회적 갈등과 교육격차를 해소하며, 교육 시스템을 근본적으로 혁신할 것이라 믿는다.

제3부

배움은 평등하게, 미래는 당당하게
- 교육정책

배움은 평등하게, 미래는 당당하게. 이것이 광주교육의 약속이다. 교사와 학생이 함께 민주주의를 배우고 실천하는 교실, 지역사회와 연결된 살아 있는 역사교육, 학생 스스로 참여하고 목소리를 내는 자치 경험, 그리고 헌법과 시민권을 생활 속에서 체득하는 배움. 이것이야말로 광주교육이 지향해야 할 진정한 혁신이다.

— 본문 중에서

교육혁신의 시작점은 교실이어야 한다

교육혁신이라는 말은 그 자체로 매력적이다. 새로운 교육과정, 미래형 학교, AI 교육 등 다양한 정책들이 '혁신'이라는 이름으로 소개된다. 그러나 그 변화가 실제로 학생들의 삶에 닿지 못하고, 배움의 질을 높이지 못하며, 교사의 수업 역량을 확장하지 못한다면 껍데기에 불과하다. 이제 광주교육은 진정한 교육혁신의 출발점을 교육감의 책상도, 화려한 홍보물도 아닌, 매일 아침 학생들이 들어와 하루를 시작하는 교실임을 분명히 하겠다. 교육의 본질이라 할 수 있는 교실의 변화 없이는 우리가 바라는 교육혁신은 현실이 될 수 없다.

교실은 가르침과 배움의 과정을 위해 구성된 공간이기도 하지만, 그보다 먼저 사람과 사람이 관계를 맺는 공간이다. 교실의 변화를 이끌어 내는 기본은 교사와 학생 사이의 신

교육혁신은 거창한 청사진이 아니라 한 교실, 한 수업, 한 명의 학생에서 시작된다.

뢰에서 출발해야 한다. 이제 광주교육은 교사가 학생 개개인의 차이를 이해하고 존중하며, 학생이 교사를 신뢰하는 안정적인 관계 속에서 질문과 의견이 자유롭게 오갈 수 있는 분위기를 만들어야 한다. 질 높은 수업은 관계라는 토양 위에서만 뿌리내릴 수 있다. 관계가 무너진 교실에서는 아무리 뛰어난 교수법이라도 효과를 거두기 어렵다.

 학생을 단순히 성적이나 과제 수행 능력으로만 평가한다면 서로를 존중하는 신뢰 관계를 형성할 수 없다. 학생의 배경, 강점, 관심사를 교육활동과 연계하고, 교사가 학생 성장에 보람을 느끼며 진심 어린 조언과 지도를 제공할 수 있도록 교육청은 아낌없는 지원을 해야 한다. 이러한 상호작용 속에서 학생은 배움의 내적 동기를 얻게 되고, 교사와 학생의 관계는 교실 변화의 중심으로 자리 잡게 될 것이다. Wentzel(1997)의 「교사-학생 관계 연구」에서는 "교사의 따뜻한 태도와 지지가 학생들의 사회적 책임감, 학습 동기, 지속적인 학업 태도와 밀접히 관련된다."고 밝히고 있다. 이외에도 무수히 많은 연구 결과가 교사의 지지와 학생이 존중받을 때 교육의 효과가 높아진다는 것을 증명하고 있다.

"네모난 교실, 네모난 칠판과 책상들······."이라는 유행가의 가사처럼, 우리의 교실은 여전히 창의성이나 편안함과는 거리가 멀다. 이제 오랜 시간 변화 없이 기본적인 가구들로만 채워진 교실 환경을 학생 배움의 질을 결정하는 핵심으로 보고, 낡은 책상과 의자, 부족한 수납공간, 열악한 환기와 채광 환경을 개선해야 한다. 책상과 의자는 학생들의 신체 발달과 학습 집중도를 고려해 인체공학적으로 새로 구안해 적정성 테스트를 충분히 거친 후 전면 교체하고, 사물함은 학생들의 편의성을 고려해 개선하며, 교실 구조는 언제든 협력 학습과 토론이 가능한 형태로 바꿔야 한다. 환경의 변화는 학생의 학습 태도와 몰입도를 크게 높일 수 있다. 다른 공간보다도 교실의 환경 변화를 최우선 과제로 삼고, 리모델링 과정에서 교사와 학생들의 의견을 충분히 반영해 대한민국에서 가장 쾌적하고 효율적인 학습 환경을 갖출 생각이다.

아무리 완벽한 수업 계획이 있어도 교사가 심리적 불안과 부담을 지닌 채 교육활동에 참여하게 된다면 그 불안함과 부담감은 고스란히 학생들에게 전달될 것이다. 광주교육은 교사가 안심하고 수업에 전념할 수 있도록 교권 보호와 심리적 안정이 보장되어야 한다. 부당한 민원이나 폭언·폭행에 대해서는 명확한 시스템을 마련해야 한다. 그 내용이 법률 위반에 이르는 경우에는 교육감이 교사를 대신해 고발 조치를 하여 교사의 권리를 보장하는 수호자 역할을 해야 한다. 그리고 수업 외의 행정 업무를 줄여주는 지원 체계, 전문 상담과 심리 치유 프로그램을 확대해 교사가 본연의 역할에 집중할 수 있게 함으로써 교사가 안심하고 학생 앞에 설 수 있게 하고, 교사의 가르침에 대한 열정이 고스란히 교실 안에서 퍼져 나갈 수 있도록 해야 한다.

이제 교실은 학생들이 수동적으로 지식을 전달받는 공간이 아니라, 스스로 배우고 탐구하는 주체가 되는 공간으로 전환되어야 한다. 이를 위해 다양한 학습활동을 지원하고, 학생의 사고력·창의력·협업 능력을 키울 수 있는 교육활동을 행정과 예산으로 뒷받침하겠다. 교사는 수업 설계자이자 배움의 촉진자로서 전문성을 발휘할 수 있고, 학생은 자기 주도적으로 학습하며 배움의 과정을 성찰할 수 있는 여건을 만들겠다. 이는 교사에게는 교육주권 회복의 길이 되고, 학생에게는 배움의 주권을 찾아가는 길이 될 것이다.

또한 지역사회와의 연계 역시 교실 혁신의 중요한 축이 될 것이다. 학생들은 교실에서 배운 지식을 지역 현장과 연결하며 실제 삶과 맞닿은 배움을 경험해야 한다. 지역 문화시설, 과학관, 도서관, 마을교육공동체와의 협력은 학생에게 살아 있는 배움의 장을 제공하고, 교사에게는 수업을 풍성하게 만드는 자원이 된다. 교실 문을 열어 지역과 소통할 때, 교육은 더 이상 학교 울타리에 갇히지 않고 삶 전체를 비추는 힘이 된다.

마지막으로, 교육혁신의 핵심 동력은 교사의 수준 높은 교수활동이다. 광주교육은 학생의 지적 욕구를 촉진하는 다양한 수업, 개별 맞춤형 피드백, 평가 방식의 다양화, 창의적 수업 디자인을 구안하고 연구하는 활동을 적극 지원하겠다. 이를 위해 교사 연수, 협력 네트워크, 수업 연구 공동체를 활성화하고, 단순 참여를 넘어 수업 적용−성과 공유−피드백이 선순환하는 구조를 마련하겠다. 혁신적 수업이 개인의 열정에만 의존하지 않고 구조적으로 지속되도록 제도적 지원을 강화하겠다.

교육혁신은 거창한 청사진이 아니라 하나의 교실, 하나의 수업, 한 명의 학생에서 시작된다. 교사와 학생의 관계 회복, 물리적 환경 개선, 교사가 안심하고 가르칠 수 있는 여건 마련을 통해 광주교육의 대전환을 이루겠다. 다양한 학습활동과 수준 높은 교수활동을 통해 학생이 스스로 배우도록 지원함으로써 광주교육의 무대는 교실이며, 그 주인공은 하루를 함께 살아가는 교사와 학생이 될 것이다. 교실에서 피어나는 작은 변화들이 모여, 광주교육 전체를 바꾸고 대한민국 교육을 바꾸는 거대한 흐름이 될 것이다. 그리고 그 흐름은 미래 세대가 행복한 삶을 살아갈 수 있는 토대를 마련하는 진정한 혁신으로 이어질 것이다.

우리의 광주,
민주시민을 키우는 교육의 길

 2024년 12월 3일, 윤석열 정부가 선포한 계엄은 1980년 5월 광주를 다시 불러냈다. 계엄군의 장갑차와 총부리 앞에서 무너질 뻔했던 민주주의는 결국 국민의 힘으로 지켜졌다. "죽은 자가 산 자를 살린다."는 말처럼, 2025년 4월 4일 헌법재판소의 '대통령 윤석열 파면' 결정은 1980년의 희생 위에 세워진 대한민국 민주주의가 여전히 살아 있음을 증명했다. 2024년 겨울의 계엄 정국은 1980년 5월 광주가 우리 사회에 남긴 교훈을 다시 한번 각인시켰다.

 광주는 대한민국이 위기에 처해 있을 때 언제나 민주주의의 불씨를 지켜온 도시다. 5·18민주화운동은 시민과 학생이 함께 지켜낸 저항의 역사이다. 1929년 일제의 탄압에 맞선 광주 학생들의 의거, 1980년 계엄군의 총칼에 맞선 광주 시민과 학생들의 외침은 역사의 강줄기처럼 오늘까지 이어지고 있다. 1980년 5월 광주의 참상을 기록한 대표적인 작

광주의 민주화 정신은 대한민국 민주주의의 뿌리이자, 세계 어디에 내놓아도 손색없는 자랑스러운 가치다.

가 송기숙 교수도 "광주정신은 1929년 학생운동에서 시작해 1980년 5·18로 이어진다."고 언급한 바 있으며 『오월문학』 창간사에서 "두 사건은 한국 민주주의사의 거대한 이정표"라고 표현하였다.

 광주교육은 과거의 정신을 단순히 기념하는 데 그치지 않고, 그것을 아이들의 삶 속에서 살아 숨 쉬게 하는 것을 사명으로 삼아야 한다. 교육은 역사적 기억을 미래 세대로 이어주는 다리이며, 민주주의는 배움과 실천을 통해 성장하는 삶의 방식이다.

광주교육은 기억을 계승하는 교육을 더욱 체계적으로 확장하겠다. 매년 5월을 '5·18 청소년 교육주간'으로 지정하여 전국의 청소년이 광주와 연대할 수 있는 장을 열겠다. 단순히 기념식에 참여하는 차원을 넘어, 학생들이 직접 프로그램을 기획하고 참여함으로써 주체적으로 활동할 수 있는 기회를 제공하겠다. 예를 들어 5·18민주화운동을 주제로 한 모의재판, 증언자와의 대화, 다큐멘터리 제작 프로젝트 등을 통해 청소년이 역사적 사건을 생생하게 체험하고 스스로 이해하도록 돕겠다.

또한 광주 지역 향토사와 마을 역사를 기록하는 교육 프로젝트를 추진할 생각이다. 독일의 '기억의 문화(Kultur der Erinnerung)'는 학생들이 직접 나치 시기의 기록을 조사하고 지역사 속에서 민주주의 가치를 배우게 하는 사례로 잘 알려져 있다. 광주 역시 아이들이 마을 어르신들의 구술을 기록하고, 지역의 민주화 유적지를 답사하며, 공동체의 기억을 직접 써 내려가는 과정이 필요하다. 이는 단순한 지식 전달이 아니라 정체성과 주인의식을 키우는 교육이 될 것이다.

1980년대에 "민주주의는 교문에서 멈췄다."라는 말이 있었다. 그러나 이제 2026년 우리는 "민주주의는 교실에서 시작된다."라고 말하게 될 것이다.

교육활동 속에서 학생자치권을 실효적인 수준으로 강화할 생각이다. 학생자치회가 단순한 행사를 주관하고 추진하는 역할에 머무르지 않고, 학교의 예산과 정책 과정에 참여할 수 있는 권한을 보장하겠다. 영국과 핀란드의 학교에서는 학생들이 급식 메뉴, 교실 환경, 동아리 예산까지 의결하게 함으로써 학생을 수동적 존재가 아닌 민주사회의 주체로 세우고 있다.

광주에서도 청소년의회, 청소년시민포럼, 팩트체크 기자단 등 다양한 직접 참여 플랫폼을 확대하고 아이들이 토론을 통해 스스로 의견을 만들고, 사회와 소통하며, 합의와 조정의 과정을 경험할 수 있어야 한다. 학생자치 경험은 장차 성인이 되어 사회적 책임을 다하는 민주시민으로 성장하는 토대가 된다. OECD 역시 '2030 미래역량 보고서'에서 '시민적 역량'을 핵심 역량으로 제시하며, 학교 교육이 반드시 길러야 할 덕목이라고 강조한 바 있다.

2024년 겨울의 계엄 사태는 민주주의 제도가 결코 당연한 것이 아님을 일깨워주었다. 민주주의는 헌법 정신 위에서만 존속한다. 따라서 광주교육은 헌법과 참정권 교육을 정규 교육과정 속에 자리 잡도록 하겠다. 초·중·고 성장 단계별 헌법교육 프로그램을 개발하여, 학생들이 헌법 전문과 조항을 단순 암기하는 것을 넘어 생활 속에서 헌법 정신을 이해하고 토론하도록 만들겠다.

또한 오늘날 민주주의를 위협하는 것은 총칼만이 아니다. 가짜 뉴스, 혐오 표현, 왜곡된 정보가 여론을 흔들고 사회를 갈라놓는다. 이에 대응하기 위해 미디어 리터러시 교육을 강화해야 한다. 유네스코는 2023년 보고서에서 "미디어와 정보 리터러시는 21세기 민주주의를 지탱하는 필수 시민 역량"이라고 밝히며, 각국의 교육과정에 이를 포함할 것을 권고하고 있다. 학생들이 비판적 사고를 통해 가짜 뉴스를 구분하고, 혐오와 차별적 언어를 비판적으로 분석하며, 공론장에서 건강하게 소통하는 힘을 기르도록 하는 것은 이제 이 시대 학교 교육의 당연한 책무이다.

이 과정에서 독일의 보이텔스바흐 합의는 중요한 기준이 된다. 1976년 제정된 이 합의는 정치교육의 세 가지 원칙을 담고 있다.

▲학생을 특정 방향으로 강요하지 말 것
▲중요한 쟁점은 다원적으로 다룰 것
▲학생 스스로 판단하고 주체적 결론에 도달할 수 있도록 할 것

광주교육은 이 원칙을 민주 시민교육의 핵심 가치로 삼겠다. 이는 이념의 주입이 아니라, 다양한 관점 속에서 사고하고 토론하며 주체적으로 판단하는 능력을 기르는 길이다.

민주시민을 길러내는 교육을 다시 광주에서 시작해야 한다. 광주의 민주화 정신은 대한민국 민주주의의 뿌리이자, 세계 어디에 내놓아도 손색없는 자랑스러운 가치다. 미국의 인권운동, 독일의 탈나치 교육, 남아공의 진실화해위원회처럼 광주의 민주화 정신은 보편적 인류의 가치와 만날 수 있다.

광주의 오월 정신을 교실에서 아이들이 배우고 체득할 수 있도록 실천해 나가겠다. 한 교실에서의 토론, 한 명의 학생이 참여한 작은 모의의회 경험이 모여 광주를 넘어 대한민국 민주주의를 지탱할 것이다. 역사는 언제나 작은 교실에서 시작해 큰 광장으로 나아갔다.

교사와 학생이 함께 민주주의를 배우고 실천하는 교실, 지역사회와 연결된 살아 있는 역사교육, 학생 스스로 참여하고 목소리를 내는 자치 경험, 그리고 헌법과 시민권을 생활 속에서 체득하는 배움. 이것이야말로 광주교육이 지향해야 할 진정한 혁신이다.

민주시민을 기르는 교육은 단순히 한 세대의 과제가 아니다. 그것은 대한민국 민주주의의 미래를 결정짓는 일이며, 세계 속에서 광주가 다시 빛나는 길이다. 우리의 광주는 다시금 민주주의의 학교가 될 것이며, 아이들의 교실이 곧 대한민국 민주주의의 가장 단단한 뿌리가 될 것이다.

광주교육은 변화를
어떻게 준비해야 하는가?

　광주가 직면한 인구 위기는 더 이상 먼 미래의 이야기가 아니다. 최근 지역 언론 보도에 따르면 광주의 청년 인구 순유출 규모가 6,300명에 이르렀다. 단순한 수치로만 보자면 그저 몇천 명에 불과하다고 여길 수 있다. 그러나 이는 도시의 활력이 빠져나가고, 미래를 준비할 인적 자원이 줄어들고 있다는 신호다. 저출생과 청년의 수도권 집중 현상은 광주뿐만 아니라 이미 전국적 흐름이다. 수도권 집중이 지속된다면 수도권 외 지역은 학령인구뿐 아니라 산업·문화·공동체 기반까지 빠르게 약화될 것으로 예상된다.

| 학령 인구 변화 추계 |

단위: 천 명

	2029	2030	2031	2032	2033	2034	2035
유치원	661	660	680	710	737	761	781
초등학교	1,725	1,607	1,504	1,428	1,383	1,363	1,366
중학교	1,248	1,154	1,046	955	881	820	771
고등학교	1,355	1,326	1,294	1,246	1,153	1,045	954
합계	4,989	4,747	4,524	4,339	4,154	3,989	3,872

출처: 통계청, 장래인구추계

특히 심각한 문제는 학령인구 감소다. 통계청 장래인구 추계에 따르면 2029년 약 500만 명이던 학령인구(6~21세)는 2035년 387만 명으로 23% 줄어든다. 광주의 경우도 2025년 22만 명 수준이던 학령인구가 2035년에는 15만 명 수준으로 떨어질 것으로 보고 있다. 무려 32% 감소, 현재 학생 수의 3분의 1 가까이가 줄어드는 셈이다. 단순히 교실이 비고 교사 수가 줄어드는 차원을 넘어, 학교 운영과 지역 공동체 문화까지 뒤흔드는 구조적 변화가 뒤따르게 될 것이다. 이는 지금과 같은 교육 구조와 방식으로는 더 이상 유지가 불가능하다는 뜻이다.

이러한 위기를 오히려 기회로 삼고 촘촘하고 내실 있는 준비를 할 필요가 있다. 교실과 교사의 역할, 학교 공간의 의미, 지역사회와의 관계를 근본적으로 재구성한다면 광주는 학령 인구 감소의 위기 속에서 대한민국 미래를 선도하는 교육도시로 거듭날 수 있다.

첫째, 교원 수급 문제에 대한 접근 방식을 바꾸어야 한다. 순히 학생 수가 줄었으니 교사 수도 줄이는 방식은 다양하고 복잡해지는 미래 교육에 맞지 않는다. 이제 교사는 지식 전달자가 아니라 학생의 성장을 총체적으로 지원하는 멘토이자 학습 코디네이터가 되어야 한다.

핀란드 교육 개혁은 교사의 역할 변화에서 출발했다. 교사는 강의 중심 수업에서 벗어나 학생 개인별 성장 경로를 설계하는 '러닝 디자이너(learning designer)'로 거듭났다. 광주교육 역시 교사가 학생 개개인의 학습 특성과 정서적 요구를 파악해 맞춤형 지도를 할 수 있도록 행정 부담을 줄이고 전문성을 강화해야 한다.

둘째, 학교 시설은 빈 교실을 줄이는 수준에 머물러서는 안 된다. 과거 학생 수 증가에 맞춰 증축했던 교실을 이제는 미래 교육을 위한 융복합 공간으로 전환해야 한다.

메이커스페이스, 창업 교육실, 융합 과학실험실, AI 학습실, 창의예술 공간으로 탈바꿈시킬 수 있을 것이다. 해외에서는 소규모·다목적 학습실이 빠르게 확산되고 있다. 미국 시카고의 공립학교는 빈 교실을 지역 주민과 함께 쓰는 혁신 공간으로 개조해, 학생은 수업 후에도 프로젝트 학습을 이어가고 주민은 평생학습에 참여하도록 했다. 광주도 이와 같은 학교-지역 공유 모델을 적극 도입할 필요가 있다.

셋째, 도시 고유의 정체성을 교육과정에 녹여내야 한다. 우리는 민주·인권·평화의 상징이자 아시아문화중심도시라는 특별한 자산을 지니고 있다. 이를 토대로 광주형 교육과정을 개발해야 한다.

오월 정신을 역사 수업에 국한하지 않고 문학·예술·사회과학과 융합해 가르치고, 단순한 사건의 지식을 넘어서 삶의 가치를 배울 수 있는 기회로 제공해야 한다. 또한 광주의 풍부한 문화 자원과 연계해 AI, 기후환경, 글로벌 시민교육을 심화시켜 '광주다움'을 세계 속에 보여줄 수 있다. OECD가 제시한 '미래 핵심 역량(창의성·시민성·협업 능력)'을 광주형 교육과정에 통합한다면, 광주형 교육과정은 대한민국을 넘어 세계적 모델로 발전할 수 있다.

넷째, 작은학교를 기피와 통폐합의 대상으로만 보아서는 안 된다. 작은학교야말로 맞춤형 교육을 실현할 수 있는 장이다. 1인 프로젝트 학습, 학년을 뛰어넘는 공동체 활동, 마을 연계 수업을 통해 작은 학교가 더 큰 교육적 울림을 줄 수 있다.

일본에서 추진되었던 '작은 학교 살리기 운동'에서는 마을과 연계해 학생들이 지역사회를 탐구하고 마을 어르신과 공동 프로젝트를 진행하면서 학습과 공동체 의식이 동시에 되살아났다고 한다. 광주에서도 작은 학교를 혁신 모델로 전환한다면, 학령인구 감소 시대에도 교육의 질을 높이는 길이 열리게 될 것이다.

다섯째, AI 기반 개별화 학습을 본격적으로 도입해야 한다. AI 분석을 통해 학생 개별 학습 데이터를 정밀하게 파악하고, 강점은 강화하며 약점은 보완하는 맞춤형 지도를 제공할 수 있다. 이미 미국, 싱가포르, 중국 등은 국가 차원에서 AI 학습 지원 시스템을 운영하고 있다. 중요한 점은 AI가 교사의 역할을 대체하는 것이 아니라, 교사가 학생을 더 세밀하게 이해하고 지원할 수 있도록 돕는 보조 도구라는 것이다. 이러한 방식으로 활용할 때 AI는 학력 격차를 줄이고 교육의 공평성을 보장하는 데 효과적인 수단이 될 수 있다.

광주교육은 학령인구 감소라는 거스를 수 없는 현실 앞에서, 광주형 교육과정과 작은 학교의 공동체화, AI 기반 학습 지원, 학교 공간 혁신을 통해 단순한 위기 대응이 아니라 미래 교육의 새로운 길을 여는 전략을 추진해 나가겠다. 우리는 이 위기를 기회로 바꾸어 대한민국 미래 교육의 모델을 만들어 갈 것이다.

배움은 평등하게, 미래는 당당하게

우리 교육은 오랫동안 대학 입시라는 거대한 톱니바퀴 속에서 굴러왔다. 성적이 아이들의 삶을 결정짓고, 서열이 미래를 재단하는 현실은 부인할 수 없다. 좋은 성적을 거둔 학생만이 더 넓고 다양한 길을 선택할 수 있는 현실 속에서, 부모의 경제력 차이로 인해 발생하는 사교육 격차가 배움의 불평등을 야기하였고 수많은 아이들이 경쟁에서 밀려 스스로의 잠재력을 펼쳐 보기도 전에 좌절을 경험해 왔다. 그러나 시대는 이미 바뀌고 있다. 저출생과 학령인구 감소, 지역격차, 그리고 AI라는 거대한 변화의 파도 앞에서 우리는 과거의 방식으로는 더 이상 아이들의 내일을 지켜낼 수 없다는 사실을 직시해야 한다. 지금, 교육의 새로운 길을 열어야 한다.

모든 아이들이 배우는 기쁨을 느낄 수 있도록 하는 것, 그

것이 교육의 출발점이다. 초등학교 저학년에서 시작된 기초학력 부진은 결국 평생의 기회 불평등으로 이어진다. 글자를 해독하는 능력이 늦어지면 독서의 즐거움을 놓치고, 기본적인 수학 개념을 익히지 못하면 중·고등학교 과정에서 포기자가 된다. 이 작은 격차가 시간이 지날수록 커져서 사회적 불평등으로 굳어지게 된다. 우리는 이를 결코 방치해서는 안 된다.

이를 위해 광주교육은 맞춤형 학력진단시스템을 도입해야 한다. 학생 개개인의 학습 이력을 정밀하게 분석하고, 부족한 부분을 조기에 발견해 그에 맞는 학습을 제공한다면, 아이들은 다시 자신감을 찾을 수 있다. 더 나아가 모든 초등학교에 기초학력 전담교사를 배치해 '놓치는 학생 없는 책임교육'을 실현해야 한다.

특히 수학 교육은 근본적인 전환이 필요하다. 지금까지 수학은 두려움의 대상, 입시를 위한 도구로만 여겨졌다. 그러나 수학은 사실 탐구와 발견의 즐거움이 있는 과목이다.

초등학교에서는 놀이와 탐구 중심 수학으로 직관과 창의성을 키우고,

중학교에서는 AI 기반 맞춤학습으로 격차를 줄이며 자신감을 심어주고,

고등학교에서는 수학을 진로와 연결해 과학·공학·데이터 산업과 접목해야 한다.

그럴 때 학생들은 수학을 통해 '내가 할 수 있다.'는 자기

신뢰를 얻게 된다. 이는 단순히 성적 향상에 그치지 않고, 앞으로의 삶을 살아가는 힘으로 작용할 것이다.

광주교육은 정보 부족 때문에 아이들의 꿈이 꺾이는 일이 없도록 해야 한다. 현실에서 입시 정보의 격차는 곧 기회의 격차로 이어진다. 대도시와 지방, 경제력에 따라 접근할 수 있는 자료와 컨설팅 수준이 달라지기 때문이다. 이를 해결하기 위해 광주형 진학포털 구축이 필요하다.

진학포털은 단순한 자료 모음이 아니다. 입시 정보를 통합 제공하고, 학생의 성향과 학습 데이터를 분석해 맞춤형 로드맵을 제시하며, 학생이 스스로 미래를 설계할 수 있도록 돕는 시스템이다. 이를 통해 부모의 배경이 아니라 학생 자신의 꿈과 노력에 따라 공정하게 도전할 수 있는 환경을 만들어야 한다.

또한 지역 대학과 연계한 고교학점제를 본격적으로 도입해야 한다. 고등학생들이 대학 수준의 과목을 미리 경험함으로써 학문적 호기심을 키우고 진로를 조기에 탐색할 수 있도록 해야 한다. 지역 대학은 이를 통해 우수 인재를 확보할 수 있고, 지역사회는 청년이 떠나지 않는 구조를 만들 수 있다. 교육과 지역발전이 선순환하는 구조, 이것이 광주교육이 만들어가야 할 새로운 길이다.

AI 시대의 인재는 단순히 기술적 역량만으로는 충분하지 않다. 오히려 기계가 대신할 수 없는 영역, 곧 인간적 통찰과 공감 능력이 더 소중해진다. 타인의 삶에 공감하고, 공동체를 생각하는 인문학적 성찰이야말로 미래 사회가 요구하는 역량이다.

광주교육은 문학·철학·역사·윤리를 아우르는 인문학 교육과 청소년 인문활동을 강화해야 한다. 독서토론과 캠프, 문화유산 탐방을 통해 학생들이 자기 삶을 성찰하고, 타인의 이야기에 귀 기울이며, 공동체의 일원으로 성장할 수 있도록 이끌어야 한다. 이는 단순한 교양 확대가 아니라 책임 있는 시민을 길러내는 길이다.

또한 직업교육의 위상도 새롭게 세워야 한다. 지금까지 특성화고는 '선택의 여지 없는 학교'라는 인식에 갇혀 있었다. 그러나 지역 산업과 연계한 특성화고 개편, 과감한 학제 혁신을 통해 고등학교 졸업 후 곧바로 대학·기업과 연결된 학위 과정을 밟을 수 있도록 한다면 상황은 달라진다.

'3+1 전문 학사'와 '2+3 마이스터 학사' 제도는 단순한 학제가 아니다. 아이들이 안정적인 성장 사다리를 밟을 수 있도록 보장하는 사회적 약속이다. 이를 통해 특성화고는 '취업을 위한 차선책'이 아니라 미래를 준비하는 든든한 선택지로 자리매김하게 될 것이다.

광주교육은 지금 중요한 기로에 서 있다.
기초학력 완전 보장, 맞춤형 진학 지원, 인문학·직업교육 강화.

  이 세 가지 축은 단순한 정책이 아니라 광주교육의 실력으로 자리 잡을 것이다. 교육은 아이들의 꿈을 키우는 동시에 지역과 국가의 미래를 결정한다. 그렇기에 교육은 단순한 행정의 영역이 아니라 사회 전체의 비전과 직결된 과제다.

  광주교육은 모든 아이들에게 기회의 사다리를 놓아야 한다. 부모의 배경이나 경제력이 아니라, 아이 스스로의 노력과 가능성이 미래를 열어갈 수 있도록 해야 한다. 그것이 정의로운 교육이고 모두가 당당할 수 있는 길이다.

  배움은 평등하게 미래는 당당하게. 이것이 광주교육의 약속이다.

광주에서 시작하는 미래를 배우는 교실

지금 우리 사회는 눈부시게 빠른 속도로 변하고 있다. 인공지능, 빅데이터, 사물인터넷과 같은 기술들은 산업 현장을 넘어 일상 곳곳에 스며들어 우리의 생활 방식을 송두리째 바꾸고 있다. 첨단 기술이 일상이 된 지금, 학교 교육 또한 더 이상 과거의 방식에 머물러서는 안 된다. 단순히 지식을 암기하고 주입받는 교육으로는 미래를 살아갈 아이들에게 필요한 역량을 길러줄 수 없다.

이제 교육은 이 시대의 변화를 직시하고, 아이들이 스스로 학습을 설계하고 창의적으로 문제를 해결하며 융합적으로 사고할 수 있는 힘을 기르도록 해야 한다. 미래 사회의 주체로 설 수 있는 아이들을 키우기 위해 교육의 구조와 방법을 과감히 전환하는 것이 지금의 과제다.

학생들이 단순한 지식 암기나 주입식 수업을 넘어, 스스로 학습을 설계하고 창의적으로 문제를 해결하며 융합적으로 사고할 수 있는 역량을 기르도록 해야 한다. 이를 위해 학생들이 메타인지(meta-cognition) 능력을 키우고, 자기 주도적 학습을 통해 미래 사회의 주체로 성장하도록 교육의 구조와 방법을 전환해야 한다.

디지털 교육 전환에서 가장 먼저 떠오르는 것은 스마트 기기의 보급이다. 그러나 광주시교육청은 무분별한 보급으로 효과보다는 문제를 낳았다. 교육 현장에서는 이미 활용 의지가 없는 학생들의 기기가 방치되거나, 단순 오락용으로 사용되는 경우도 있었다. 단순한 기기 보급이 아니라 교육적 효과를 기준으로 스마트 기기 활용 전략을 마련할 필요가 있다.

기기는 학습 활용 의지가 있는 학생에게 우선 지급하고, 회수된 기기는 학교 내 공용 학습용으로 재활용한다. 이를 통해 활용도를 높이고 예산 낭비를 줄일 수 있다. OECD 교육혁신센터(2023)에서는 "디지털 기기 보급 정책은 하드웨어 중심에서 학습 효과 중심으로 전환해야 한다."고 권고한 바 있다. 광주교육은 이러한 국제적 권고를 바탕으로 형평성과 효율성을 동시에 고려하는 정책을 추진해야 한다.

이제 교실 혁신을 디지털 전환의 출발점으로 삼아야 한다. 초등학교 3학년부터 고등학교 1학년까지 모든 교실에 스마트보드와 안정적인 와이파이, 클라우드 기반 학습플랫폼(LMS)을 구축해 학습 환경을 미래형으로 바꿀 필요가 있다.

교사는 실시간으로 멀티미디어 자료를 제시할 수 있고, 학생은 각자의 기기를 활용해 토론과 피드백에 참여한다. 과제 제출, 학습 진도 관리, 개별 피드백이 LMS에서 통합 관리되면 학습은 더욱 체계적이고 효율적으로 이루어진다. 이는 단순한 장비 교체가 아니라 교실의 작동 방식을 새롭게 설계하는 일이다.

이미 세계는 빠르게 움직이고 있다. 영국은 2022년부터 모든 공립학교에 디지털 학습플랫폼 도입을 의무화했고, 싱가포르는 '스마트 네이션' 전략의 일환으로 전 학년에 AI 기반 LMS를 적용하고 있다. 이제 우리도 학습환경의 변화에 선도적으로 대응해야 한다.

미래 교육환경 구축을 위해 학교마다 AI학습지원실을 설치하겠다. 학생에게는 개별 학습을 지원하는 공간이 되고, 교사에게는 연구와 연수의 거점이 되도록 하고, 교사를 단순한 기술 활용자가 아닌 AI와 교육을 연결하는 교육 디자이너의 역할을 수행할 수 있도록 하겠다.

이를 위해 전문 연수와 교육과정 공동 개발, 학습 공동체 운영을 활성화하고, 지역 대학·기업과 협력해 현장 전문가가 참여하는 시스템을 마련하겠다. 미국에서는 '에듀테크

랩스쿨' 모델을 통해 교사·연구자·기업이 협업하여 혁신적 수업을 개발하고 있다. 광주교육 역시 교사가 중심이 되는 현장 혁신을 지원해야 한다.

결국 교육의 디지털 전환은 단순한 장비 교체나 시스템 구축이 아니다. 이는 교육 패러다임의 전환이며, 학생 개개인의 가능성을 키우는 맞춤형 학습 환경을 만드는 일이다.
지금 준비하지 않으면 늦는다. 아이들은 이미 현실에서 디지털과 함께 성장하고 있고, 미래는 우리를 기다려주지 않는다. 교육이 뒤처질 경우, 학생들은 세계와 경쟁할 기회를 잃는다. 교육은 '스마트'를 넘어 '혁신'으로 나아가야 한다. 아이들이 미래를 준비하는 존재가 아니라, 미래 속에서 살아가는 주체로 성장하도록 길을 열어주어야 한다.

우리가 시작하는 교실 혁신은 단순한 지역 차원의 실험이 아니다. 이는 대한민국 교육 전체를 새롭게 설계하는 출발점이 될 수 있다. 기초학력 보장, 진로 맞춤형 지원, 인문학·직업교육 강화에 이어 디지털 전환까지, 광주가 앞장선다면 전국이 따라올 것이다.
광주에서 시작하는 미래 교실, 그 안에서 아이들은 평등하게 배우고 당당하게 성장할 것이다.

삶의 품격을 높이는 광주교육

교육은 경쟁을 넘어, 사람답게 사는 길을 안내해야 한다.

오늘날 우리는 과학기술 발전과 물질적 풍요 속에 살고 있다. 하지만 아이들의 마음은 여전히 무겁기만 한다. 입시 경쟁의 압박, 불확실한 미래에 대한 불안은 삶의 조건이 나아졌음에도 줄어들지 않았다. 최근 한국청소년정책연구원의 조사에 따르면, 청소년 10명 중 7명은 '성적과 입시 스트레스'가 삶의 가장 큰 고민이라고 답했다. 학업 성취가 곧 인생의 성패를 좌우하는 현실은 학생들의 내면을 갉아먹고 있다.

교육의 목적은 단순히 더 많은 지식을 쌓거나 좋은 성적을 얻는 데 머물러서는 안 된다. OECD 교육2030 프로젝트는 미래 교육의 핵심을 "학생 스스로의 삶을 주체적으로 설계하고 의미를 찾는 역량"으로 정의하고 있다. 이제 교육은

삶의 품격을 높이는 교육은 학생 개인을 넘어 지역 사회 전체를 변화시킨다.

아이들이 자기 삶을 이해하고 타인과 관계 맺으며 인문학적 감수성을 키워 품격 있는 삶을 살아가도록 안내해야 한다.

'품격 있는 삶'이란 단순한 물질적 풍요가 아니다. 그것은 내면의 성장, 문화적 감수성, 타인과의 건강한 관계를 바탕으로 자기 삶을 주체적으로 가꾸는 것이다. 이러한 품격은 교육 현장에서 시작된다.

광주는 예술과 공동체 정신이 상징과 같은 도시다. 우리는 이 뿌리를 살려 문화예술 교육을 미래 교육의 중심축으로 삼고자 한다. 학생들이 단순히 공연을 관람하는 수준을 넘어, 직접 예술을 경험하고 표현할 수 있는 기회를 갖도록 하겠다.

예를 들어, 학교와 지역사회에 VR·AR 기반 예술체험관, 지역 예술가와 함께 창작하는 작업실, 디지털 미디어 아트실 등을 마련한다면, 학생들은 음악을 듣고, 그림을 그리고, 공연과 전시를 직접 기획하는 경험을 쌓을 수 있다. 이런 경험은 단순한 취미 활동이 아니라 자신을 표현하고 세상과 소통하는 힘을 길러주는 과정이 된다.

또한 학생예술인 양성 프로젝트를 통해 전문 예술가의 멘토링, 무대·전시 기회 제공, 지역 예술축제와 연계한 창작 활동을 지원하겠다. 이는 일부 예술 전공 희망자만을 위한 것이 아니라, 모든 학생이 자존감을 키우고 삶을 풍요롭게 하는 과정이다. 세계 여러 연구가 예술 경험이 학생의 창의성, 공감 능력, 정서적 안정에 긍정적 영향을 미친다고 밝히고 있다.

품격 있는 삶은 예술만으로 완성되지 않는다. 교육 전반이 '사람답게 사는 길'을 안내해야 한다. 이를 위해 세 가지 축을 세우고자 한다.

첫째, 관계 중심 교육이다. 품격은 인간관계 속에서 드러난다. 존중과 배려, 협력과 책임은 교과서가 아니라 생활 속에서 배운다. 학생 자치활동, 공동체 프로젝트, 또래 상담, 협력 학습 프로그램을 활성화하여 아이들이 함께 살아가는 힘을 배우도록 하겠다. 이는 결국 성숙한 민주시민으로 성장하는 밑거름이 될 것이다.

둘째, 쉼과 균형의 회복이다. 현재 한국 학생들은 OECD 국가 중 학습 시간은 최상위권이지만 행복지수는 최하위권이다. 쉼 없이 달리는 교육은 아이들을 소진시킬 뿐이다. 광주교육은 정서적 휴식 시간을 보장하고, 예술·체육·자연 체험 시간을 확대해 균형 잡힌 하루를 설계하겠다. 쉼은 단순한 휴식이 아니라 자기 자신을 돌아보고 내면의 목소리를 듣는 과정이다.

셋째, 실천적 배움이다. 품격은 말이 아니라 행동에서 드러난다. 기후 위기 대응 프로젝트, 지역사회 봉사활동, 다문화·인권교육, 국제교류 프로그램을 통해 아이들이 '살아 있는 배움'을 경험하도록 하겠다. 교실에서 배운 지식을 삶에서 실천하는 과정에서 학생들은 성취감을 느끼고, 자기 삶을 주체적으로 살아가는 힘을 기르게 될 것이다.

삶의 품격을 높이는 교육은 학생 개인을 넘어 지역 사회 전체를 변화시킨다. 예술적 감수성을 키운 학생은 문화적으로 풍요로운 사회를 만든다. 관계 속에서 성숙한 학생은 공동체의 신뢰를 두텁게 한다. 쉼과 균형을 배운 학생은 건강한 사회의 주역이 된다. 실천적 삶을 경험한 학생은 지역과 국가의 미래를 바꿔 나간다.

광주는 민주주의와 공동체 정신으로 대한민국 역사에 큰

발자취를 남겼다. 이제 교육에서도 '광주정신'을 계승해야 한다. 경쟁 중심 교육을 넘어 사람다운 삶을 가꾸는 교육, 예술과 인문적 소양을 존중하는 교육, 나와 타인을 함께 품는 교육이 바로 그 길이다.

"광주에서 배운 교육 덕분에 나는 품격 있는 삶을 살고 있다."

이 말이 미래 세대의 입에서 자연스럽게 흘러나온다면, 그것이야말로 광주교육의 가장 큰 성취일 것이다. 삶의 품격을 높이는 교육은 단지 학생을 위한 약속이 아니라, 지역과 대한민국의 미래를 위한 약속이다. 광주가 그 길을 앞장서 열어가겠다.

아이들의 건강과 행복을 키우는 광주형 키움 프로그램

　오늘날 우리 사회가 직면한 가장 중요한 과제 중 하나는 아이들의 건강하고 균형 잡힌 성장이다. 단순한 지식 습득과 성적 경쟁만으로는 학생들의 삶을 지탱하기 어렵다. 실제로 보건복지부 청소년 정신건강 실태조사(2023)에 따르면, 청소년 10명 중 3명 이상이 '우울감을 경험'했다고 답했으며, 학교폭력 경험률도 10%를 상회하고 있다. 많은 학부모와 교사들이 체감하듯, 단순히 공부만 잘하는 아이가 아니라 몸과 마음이 건강하고 타인과 더불어 살아가는 힘을 갖춘 아이야말로 미래 사회가 필요로 하는 인재다.

　학교는 이제 단순히 공부만 하는 공간이 아니라 친구와 어울려 놀고, 스스로 몸과 마음을 돌보며, 건강한 관계를 맺는 삶의 배움터가 되어야 한다. 그러나 현실은 여전히 성적과 입시 중심의 구조에 갇혀 있다. 이 틀을 깨지 않는 한 학생들이 겪는 불안과 스트레스, 학교폭력, 건강 문제는 반복

될 수밖에 없다.

우리는 이러한 사회적 요구에 응답해 '광주형 키움 프로그램'을 추진하고자 한다. 이 프로그램은 "건강한 몸, 안정된 마음, 함께 성장하는 공동체"라는 세 가지 축을 중심으로 설계된 종합 성장 지원 모델이다. 생애주기별 체육 활동, 정신·신체 통합 건강 지원, 학교 폭력 예방과 관계 회복, 정서·행동 지원, 통합·특수교육 강화까지 아우르는 체계적 접근을 통해 학생 한 명 한 명이 존중받는 교육을 실현하겠다.

첫째, 생애주기별 체육 프로그램을 운영하겠다.

유치원·초등학교에서는 놀이 중심 체육을 통해 또래와 협력하는 경험을 제공함으로써 단순한 체력 향상을 넘어 협력·사회성 발달로 이어지도록 하겠다.

중학교에서는 플로어볼, 킨볼, 티볼 등 '뉴스포츠'를 활성화해 즐거움 중심의 체육 문화를 확산함으로써 운동 기피 학생에게도 참여 기회를 보장하도록 하겠다.

고등학교에서는 전문 체육 활동을 진로와 연계할 수 있도록 지원하기 위해 지역 체육인, 생활체육 지도자와 협력한 멘토링을 도입하여 학생들에게 롤모델과 동기를 제공하겠다.

교육부의 '학교체육 활성화 연구'(2022)에 따르면, 정규 체육 활동에 지속적으로 참여한 학생은 학업 성취도와 정서 안정도가 모두 높게 나타났다. 광주형 키움 프로그램은 체

광주형 키움 프로그램은 단순한 교육정책이 아니다. 아이들이 건강한 몸과 마음을 바탕으로 존중과 배려의 공동체 속에서 성장하도록 돕는 사회적 약속이다.

육을 단순한 교과목이 아니라 삶의 역량을 기르는 기반으로 재설계한다는 점에서 의의가 크다.

둘째, 학생건강센터를 설립할 생각이다. 이는 단순한 보건실 확장이 아니라, 정신·신체 건강을 통합적으로 다루는 전문 기관이다. 심리상담사, 치료사, 간호사, 영양사, 운동처방사 등이 상시 배치되어 학생이 언제든 도움을 받을 수 있도록 하겠다.

전문기관과 네트워크를 구축해 프로그램을 표준화하고, 교사의 업무 부담을 경감할 수 있도록 하겠다. 특히 코로나

19 팬데믹 이후 학생들의 불안·우울·주의력결핍 문제가 두드러지게 나타나는데, 광주형 학생건강센터는 정서행동 문제를 조기에 발견·지원하여 학교가 건강 성장의 안전망이 될 수 있을 것이다.

셋째, 학교 폭력 정책을 관계 회복 중심으로 전환하겠다. 가해 학생은 법적 절차를 따르되 반성과 화해의 기회를 제공하고, 피해 학생은 안전과 치유를 보장받을 수 있도록 심리 회복 프로그램과 지역사회 자원을 연계한다.

분쟁 발생 시 즉각 개입할 수 있는 전문 중재 인력을 배치하고, 모든 학생이 참여하는 '관계 회복 교육'을 정규화하여 운영한다. 핀란드의 '키바 프로그램(KiVa)'은 또래 간 관계 회복 중심의 접근으로 학교 폭력 발생률을 절반 이상 줄였다고 한다. 광주교육도 관계 회복 중심 접근을 제도화해 따뜻한 공동체 문화를 만들어 갈 필요가 있다.

넷째, 2026년 시행되는 학생맞춤형통합지원법에 맞춰 현장의 지원 체계를 구축한다. 학습·복지·건강·진로·상담을 통합 제공하는 전문 인력을 확충하고, 교육청과 지자체가 긴밀히 협력해 복지 공백이 발생하지 않도록 하겠다.

다섯째, 통합·특수교육 지원 확대를 추진한다. 특수교사·보조 인력을 확충해 특수학급을 늘리고, 도전 행동 대응 매

뉴얼을 보급한다. 경계선 지능 학생 지원도 제도화하여 소외되지 않도록 하겠다. 이는 장애 학생뿐 아니라 모든 학생의 다양성을 존중하는 교육 환경을 만드는 일이다.

광주형 키움 프로그램은 단순한 교육정책이 아니다. 아이들이 건강한 몸과 마음을 바탕으로 존중과 배려의 공동체 속에서 성장하도록 돕는 사회적 약속이다.
체육 활동을 통해 건강을 배우고, 상담과 돌봄으로 마음을 지키며, 통합교육으로 차이를 존중하는 아이들이 자랄 수 있다면, 그것은 곧 지역사회의 품격으로 이어진다.
"한 아이를 키우려면 온 마을이 필요하다."는 말처럼, 광주형 키움 프로그램은 학생·학부모·교사·지역사회가 함께 만들어가는 협력교육의 길이 될 것이다. 건강과 배려, 품격을 담은 교육이 광주에서 시작될 때, 대한민국 교육의 미래도 새로운 지평을 열 수 있다.

교사의 권리가 곧 학생의 권리다

오늘날 우리 교육 현장은 "교사의 권위가 예전 같지 않다."는 말을 자주 듣는다. 과거에는 "선생님 말씀은 곧 법"이라는 말이 있을 정도였지만, 지금은 교사의 지도가 쉽게 흔들리고 때로는 부당한 민원·폭언·폭행에 노출되는 사례가 적지 않다. 최근 한국교원단체총연합회의 조사(2024)에 따르면, 교사의 63%가 "지난 1년 내 크고 작은 교권 침해를 경험했다."고 답했다.

교사가 수업과 생활지도에서 자신감을 잃으면 그 피해는 고스란히 학생에게 돌아간다. 교사가 위축된 교실은 학습권이 지켜지지 않고, 학생 간 갈등이 방치되며, 안전한 환경도 담보할 수 없다. 따라서 교사의 권리 보장은 단순히 교사를 위한 장치가 아니라, 학생들이 안전하고 행복하게 배울 권리를 지키는 길이다.

교육 활동의 본질은 사람과 사람 사이의 관계다. 신뢰와 존중이 무너진 교실은 배움의 공간이 아니라 갈등의 공간으로 변할 수 있다. 따라서 교권 보장과 교사 전문성 신장은 별개의 과제가 아니다. 교사가 존중받을 때 학생도 존중받고, 교사가 전문성을 발휘할 때 학생의 배움도 깊어진다.

첫째, 교사의 정치적 기본권 보장을 위해 적극 나서겠다. 현재 교원은 헌법이 보장하는 국민의 기본권을 충분히 누리지 못하고 있다. 근무시간 외 개인 생활에서조차 정치적 의사 표현이 제한되는 현실은 민주사회 원리에 맞지 않는다.

따라서 근무와 무관한 범위에서는 교원의 정치 활동이 보장될 수 있도록 입법을 요구하겠다. 이는 특정 정당을 지지하거나 선거에 개입하자는 것이 아니라, 교사도 한 시민으로서 사회 현안에 목소리를 낼 권리를 인정하자는 것이다.

실제로 독일·프랑스 등은 교사의 정치 참여를 일정 부분 허용하고 있으며, OECD 또한 교사를 "민주시민교육의 주체"로 규정한다. 교사가 민주주의적 주체로서 자각할 때, 학생들에게도 권리와 책임을 갖춘 민주시민의 모습을 보여주는 살아 있는 교육 효과를 낼 수 있다.

둘째, 교권 보호 체계 강화에 나서겠다. 교권 침해가 발생했을 때 즉각 대응할 수 있도록 '365 교권 침해 대응팀'을 상시 운영하고, 법률 상담·행정 지원·심리 상담을 원스톱으로 제공하겠다.

교사의 권리 보장은 단순히 교사를 위한 장치가 아니라, 학생들이 안전하고 행복하게 배울 권리를 지키는 길이다.

특히 중대한 사안은 교육감이 직접 고발 조치에 나서 은폐나 축소 없이 공정하게 처리하도록 하겠다. 이제 교사가 홀로 피해를 감당하는 구조가 아니라, 교육청이 제도적·법적 책임을 다하는 구조로 바뀌어야 한다.

아울러 교사의 심리적 회복을 돕기 위해 안식년, 재충전 연수, 심리상담 휴가 등 휴식 제도를 제도화하겠다. 세계보건기구(WHO) 역시 교사의 직무 스트레스를 "아동 학습권을 위협하는 사회적 요인"으로 규정하고 있다. 결국 교권 보장은 교사를 넘어 학생의 학습권을 지키고, 교육의 미래를 보장하는 길이다.

셋째, 수업 시수 상한제를 도입하겠다. 초등학교 18시간, 중학교 16시간, 고등학교 14시간으로 상한을 설정해 연구와 자기 계발 시간을 보장함으로써 수업의 질을 높이겠다.

현재 교사들은 과중한 수업 시수와 행정 업무로 연구와 학생 맞춤형 지도가 어렵다. OECD 국가들의 평균 수업 시수는 한국보다 훨씬 낮다. 예컨대 핀란드 교사는 연간 수업 시수가 600시간대인 반면, 한국은 800~900시간에 달한다.

교사는 단순한 지식 전달자가 아니라 학습 설계자다. 충분히 고민하고 준비한 수업 한 시간이, 무계획으로 진행된 여러 시간보다 훨씬 큰 성취를 준다. 수업 시수 상한제는 교사의 연구 역량을 강화하고, 학생에게 더 깊은 배움을 제공하는 투자다.

넷째, 교육연수원을 교사 지원 중심 기관으로 전환하겠다. 신임 교사에게는 체계적인 멘토링을 제공하고, 경력 교사에게는 컨설팅과 연구 환경을 지원하여 각 단계에서 필요한 성장을 돕겠다.

연수 기능에 그치지 않고 교사 지원 역할을 적극적으로 수행함으로써, 교사들이 경험과 지식을 나누는 허브로 자리매김하도록 하겠다. 이미 해외에서는 교사 전문성 개발 기관이 활발히 운영되고 있다. 영국의 티칭스쿨허브(Teaching School Hub), 싱가포르의 국립교육원(NIE)은 교사 연수를 통해 국가 교육 경쟁력을 높여왔다.

광주교육연수원도 이러한 모델을 참고해 연구 프로젝트를 추진하고, 지역사회와 연계한 교육 혁신 모델을 개발하는 거점으로 발전시키겠다. 교사의 성장은 곧 학생의 성장이며, 교육의 미래로 이어진다.

다섯째, 공정한 인사제도 정비가 필요하다. 교장공모 확대, 인사 공개제, 역량평가 도입 등을 통해 인사의 투명성을 높여야 한다. 노력과 전문성을 쌓은 만큼 정당하게 인정받을 수 있어야 교육 현장이 건강해진다.

불투명한 인사 체계는 교육 현장의 사기를 꺾고 소모적 논쟁의 장으로 만든다. 반대로 공정한 인사는 동기를 부여하고, 학생과 학부모에게는 신뢰를 심어준다. 공정한 인사제도는 교육 현장을 활기차게 만들 뿐 아니라, 교육 공동체 전체의 신뢰를 회복하는 데 필수적인 조건이다.

  광주교육은 교권 보장과 교사 전문성 신장을 더 이상 미루지 않겠다. 교사가 존중받아야 학생도 존중받고, 교사가 성장해야 학생의 배움도 성장한다.
  정치 기본권 보장, 교권 보호 체계 강화, 수업 시수 상한제, 교사지원센터, 공정 인사제도는 각각 따로 떨어진 과제가 아니라 하나의 교육 생태계를 이루는 필수 조건이다.
  교사의 권리가 보장될 때, 학생의 학습권과 안전권도 함께 지켜진다. 교사가 교실에서 당당히 전문성을 발휘할 수 있는 환경이야말로 학생·학부모·지역사회 모두가 함께 누릴 수 있는 미래다. 광주교육은 그 미래를 앞장서 열어가겠다.

광주의 학교는 마을과 함께 자란다

　오늘날 교육은 교사와 학생의 관계에서만 완성되지 않는다. 아이들은 가정에서 자라고 사회 속에서 성장한다. 그 과정에서 부모와 시민, 지역 공동체는 중요한 교육 주체가 된다. 그러나 여전히 교육행정은 교실과 학교 내부에서만 논의되는 경우가 많고, 학부모와 시민은 '방관자'로 머무르는 경우가 적지 않다.

　교육청의 결정은 교실에 직접적인 영향을 미치지만, 그 과정에서 학부모의 경험과 시민의 지혜가 충분히 반영되지 않는다면 정책은 현장의 삶과 멀어질 수밖에 없다. 행정은 행정대로, 교실은 교실대로 따로 움직이는 불일치가 발생한다. 이는 결국 정책의 효과성을 약화시키고, 공교육에 대한 신뢰를 떨어뜨린다.

　교육의 본질은 협력과 공동체에 있다. 아이들은 '혼자'가 아니라 '함께' 배우며 성장한다. 따라서 교육행정 또한 닫힌 구조가 아니라 열린 참여와 협력의 틀로 재편되어야 한다. 교사, 학부모, 시민 모두가 목소리를 내고, 정책이 공동체의 합의 위에서 세워질 때 교육은 튼튼한 기반을 가질 수 있다.

첫째, 학부모지원센터 설치가 필요하다. 많은 학부모들은 자녀의 교육 문제로 고민할 때 어디서 도움을 받아야 할지 몰라 혼란을 겪는다. 민원 창구는 부서마다 분산되어 절차가 복잡하고, 상담 서비스는 전문성이 부족하며, 학부모 연수는 단편적이고 산발적으로 진행되는 경우가 많다. 이 때문에 학부모들은 학교에 직접 찾아가거나 인터넷을 뒤지며 스스로 해결책을 찾아야 하는 현실에 놓여 있다.

이러한 문제를 해결하기 위해 학부모지원센터를 설립하겠다. 이곳은 민원 대응, 교육 상담, 학부모 연수를 통합 제공하는 원스톱 서비스 창구로 구성하겠다. 학부모는 단순한 행정 처리뿐 아니라, 자녀 교육 방향에 대한 조언을 듣고 필요한 정보를 한눈에 얻을 수 있을 것이다.

미국과 영국에서는 이미 Family Resource Center나 Parent Support Hub와 같은 기관이 학부모를 지원하고 있다. 연구 결과, 학부모 지원체계가 잘 갖춰진 학교일수록 학업 성취도와 학생의 정서 안정이 높게 나타났다. 광주에서도 학부모지원센터가 자리 잡으면, 부모는 '교육의 고객'이 아니라 아이와 함께 배우고 성장하는 동반자로 설 수 있다. 이는 곧 공교육에 대한 신뢰 회복으로 이어진다.

이제 광주교육은 부모를 든든한 동반자로, 지역을 학교의 교사로, 시민을 정책의 주체로 세우겠다.

둘째, 교육참여 플랫폼 구축이 필요하다. 학교는 더 이상 홀로 모든 교육을 책임질 수 없다. 학생들에게 더 넓은 배움의 장을 제공하기 위해 지역 전문가와 자원을 학교와 연결해야 한다. 예술인, 퇴직 교사, 과학기술인, 사회 각 분야의 전문가들이 학교 교육에 함께 참여할 수 있는 구조가 마련되어야 한다.

예컨대, 퇴직 교사가 고전 독서를 지도하면 학생들은 책 속의 깊이를 배우고, 지역 예술인이 미술 프로젝트에 참여하면 교실은 창작의 공간으로 변한다. 과학자가 실험을 지도하면 교과서 속 지식은 생생한 경험으로 다가온다. 이런 경험은 단순한 봉사가 아니라 지역 전체가 학교를 키우는 마을교육공동체로 발전하는 토대가 된다.

셋째, 시민협치 구조의 제도화가 필요하다. 교육은 시민적 합의 위에서 세워질 때 더 큰 힘을 얻는다. 그러나 지금까지의 교육정책은 전문가나 일부 행정가의 판단에 과도하게 의존해왔다.

광주교육은 온라인 정책 제안 시스템을 마련해 누구나 의견을 낼 수 있도록 하고, 정기적인 공론장을 통해 정책을 공개적으로 토론하겠다. 다양한 시민의 목소리가 모여 정책 방향을 결정하고, 그 합의 과정을 통해 진정한 민주적 경험을 만들어가겠다.

이는 단순한 행정 절차가 아니다. 시민이 정책 생산 과정에 직접 참여하면 교육은 더 이상 '위에서 내려오는 행정'이 아니라 '함께 만들어가는 공동체적 결정'이 된다. 동시에 정책 결정 과정의 투명성을 높여 시민의 신뢰를 강화할 수 있다.

학부모지원센터, 교육참여 플랫폼, 시민협치 구조는 모두 같은 목표를 향한다. 그것은 교육을 행정의 영역에서 시민의 삶으로 되돌려놓는 것이다. 학교는 지역사회와 분리된 섬이 아니라, 시민 모두가 함께 키워가는 공동체의 중심이어야 한다.

이제 광주교육은 부모를 든든한 동반자로, 지역을 학교의 교사로, 시민을 정책의 주체로 세우겠다. 아이들의 행복은 가정과 학교, 지역사회의 협력 속에서 자란다. 이제 교육행정의 과제는 분명하다. 학부모와 시민이 주체로 서는 교육, 그것이 진정한 미래교육의 출발점이다.

학생 중심의 교육환경, 미래로 가는 길

 학교는 단순히 교과서를 배우는 공간을 넘어, 학생들의 삶 전체가 이루어지는 터전이다. 아이들은 교실에서 하루 대부분을 보내며 배우고, 놀며, 친구와 관계를 맺는다. 그러나 우리의 학교 현실은 여전히 낡은 교실 구조와 과중한 행정 업무, 그리고 학생의 다양성을 담아내지 못하는 획일적 환경에 머물러 있다.

 책걸상이 빼곡히 들어선 교실, 냉난방기 하나에 의존하는 불편한 환경, 행정 업무에 묶여 수업 연구에 집중하지 못하는 교사들의 현실은 교사와 학생 모두에게 창의적 배움과 건강한 생활을 보장하지 못한다. 그 결과 교실은 '배움의 공간'이 아니라 '견뎌내는 공간'으로 전락하기도 한다.

 교육 혁신은 교육과정과 수업 변화만으로는 충분하지 않다. 공간, 기술, 제도, 교사의 여건이 함께 변할 때 비로소 진정한 혁신이 가능하다. 교육은 학생의 삶과 성장을 중심에 두고, 학교를 아이들의 두 번째 집이자 창의적 실험실로 바꾸어 가야 한다.

아이들이 가장 즐겁게 배우는 순간은 놀이와 배움이 하나가 되는 순간이다. 학교를 단순한 지식 주입의 공간이 아니라, 학생들이 탐구하고 실험하며 창의력을 펼칠 수 있는 장으로 바꾸겠다. 이를 위해 놀이와 배움을 결합한 창의 융합 공간을 마련하고, VR·AR을 활용한 가상 체험 학습을 제공하겠다. 또한 코딩, 메이킹, 디자인 활동을 놀이와 결합해 학생들이 문제 해결력과 협력 능력을 키우도록 지원하겠다. 세계경제포럼(WEF, 2022)은 미래 인재의 핵심 역량으로 창의성, 협력, 문제 해결 능력을 꼽았다. 바로 이런 역량을 길러낼 수 있는 공간 혁신이 절실하다.

교실은 학생이 하루 대부분을 보내는 가장 기본적이고 중요한 공간이다. 그러나 여전히 많은 학교는 비효율적인 냉·난방 시스템과 낡은 책상·의자, 획일적인 교실 배치에 머물러 있다. 이제 교실을 스마트 교실로 전환하겠다. 에너지 효율이 높은 냉·난방 체계, 성장 단계에 맞춘 스마트 가구, 소그룹 활동과 토론이 가능한 협력형 교실 구조를 도입해 환경의 변화를 통해 수업의 변화를 이끌겠다. 주입식 강의에서 참여·협력 중심 수업으로 전환을 촉진하여 학생들의 배움의 질을 획기적으로 높이겠다.

학교도서관은 단순한 책 보관소가 아니다. 그것은 학생들이 사색하고 토론하며 문화를 접하는 학교의 심장이다. 이제 학교도서관을 복합문화공간으로 전환해야 한다. 소규모 공연, 전시, 영화 감상, 토론이 가능한 열린 문화공간으로 재구성하여 학생들이 문화적 감수성과 사회적 소통 능력을 기를 수 있도록 하겠다. 더 나아가 지역 주민과 함께하는 열린 배움터로 확장해 학교를 지역 문화의 중심지로 발전시키겠다.

이를 구체화하기 위해 '320+ 학교디자인 프로젝트'를 추진하겠다. 획일적인 교실 구조에서 벗어나 학교별 특성과 학생 요구를 반영한 맞춤형 공간 혁신을 통해 학생 개개인의 잠재력을 키우고, 학교를 지역사회와 문화의 허브로 조성해 나가겠다.

학생 중심의 교육환경 혁신은 단순히 시설 개선에 머물지 않는다. 학교 현대화와 공공성 강화를 통해 교육 불평등을 줄이고, 모든 학생에게 질 높은 환경을 제공하겠다. 지역 간, 학교 간 시설 격차가 크면 아이들의 학습권과 행복권도 차별받는다. 동시에 교육공무직의 처우를 개선해 안정적이고 존중받는 학교 운영을 보장하겠다. 교직원 모두가 존중받을 때 학교는 진정한 교육공동체로 기능할 수 있다.

교사의 업무 환경 혁신도 핵심 과제다. 교사가 과중한 행정 업무에 시달려 수업과 학생 지도에 집중하지 못하는 현실은 반드시 개선해야 한다. 광주교육은 교육 데이터 기반 정책 수립과 AI 행정자동화를 도입해 불필요한 업무는 기계가 처리하도록 하겠다. 교사는 수업·상담·연구에 집중할 수 있는 여건을 마련하겠다. 이미 핀란드와 에스토니아는 교육행정 전반에 AI·빅데이터를 도입해 교사의 행정 부담을 30% 이상 줄였다. 광주에서도 교사의 전문성이 존중받고, 아이와 함께할 시간이 넉넉한 구조를 실현하겠다.

교육환경의 혁신은 단순히 교실 벽을 바꾸는 일이 아니다. 그것은 아이들의 삶을 바꾸고 나아가 도시와 사회의 미래를 바꾸는 일이다. 아이들이 웃으며 배우고, 교사가 자부심을 느끼며 수업하고, 학부모가 안심할 수 있는 교육공동체. 그것이 우리가 함께 만들어갈 미래다.
학생 중심의 교육환경 혁신은 미래 세대에게 줄 수 있는 가장 큰 선물이다.

제4부

사람 사는 세상, 사람 사는 교육
- 교육칼럼

시민 여러분께 간곡히 호소합니다. 다시 한번 희망교실을 광주의 대표 교육정책으로 부활시켜 주십시오. 학생에게 희망을, 선생님에게 보람을, 학부모에게 안심을, 시민에게 자부심을 주는 교육. 그 교육의 이름은 바로 희망교실입니다.

- 본문 중에서

'잠자는 교실' 더 이상 방치하면 안 돼

최근 언론 보도를 통해 교육 현장의 우울한 단면이 속속 드러나고 있는데, 그중 하나가 '잠자는 교실'이라는 자극적인 표현이다.

교육부의 연구 결과 발표를 보면 고등학생 4명 중 1명 이상이 수업 중 잠을 자는 친구들이 많다고 응답했다. '잠자는 교실' 현상은 더 이상 일부 학생들의 개인적인 일탈이 아닌, 교육의 근간을 흔드는 구조적 위기로 바라봐야 한다.

"수업에 참여하는 학생은 10~20%뿐이고, 나머지는 대부분 잔다."는 어느 교사의 절절한 고백은 우리 교육이 처한 냉혹한 현실을 그대로 드러낸다. 교사들의 깊은 탄식과 무력감은 이 현실을 더욱 무겁게 만든다.

사실 '잠자는 교실'은 오래전부터 예고된 결과일지 모른다. 획일화된 교육 시스템, 입시 중심의 교육 문화는 학생들의 호기심과 학습 의욕을 잠재워 왔다. 대학입시라는 절대 과제 아래, 학생들은 입시와 직결되는 과목에만 매달리고, 그 외의 배움에는 점점 무관심해진다.

서울사이버대 정선영 교수는 "일률적인 수업이 진행되기 때문에, 자신의 수준과 맞지 않다고 느낀 학생들은 집중하기 어렵다."고 지적한다. "이젠 학생들이 학교 수업에 어떤 기대도 하지 않는다."는 교사의 목소리는 이런 문제의식을 대변한다.

물론, 이러한 위기를 타개하기 위한 교육계의 노력은 계속되고 있다. 학교의 선생님들은 지금도 재미있고 유익한 수업, 학생들이 적극적으로 참여할 수 있는 수업을 만들기 위해 부단히 노력하고 혁신하고 있다. 그러나, 대학입시에서 절대적 역할을 하는 상대평가 중심의 내신제도와 대학수학능력평가 점수를 잘 받아야만 하는 교육 환경 속에서 중고등학교 교사 어느 누구도 자유로울 수 없는 것이 현실이다.

즉, 이상과 현실 사이의 간극이 여전히 크다는 것이다. 고교학점제가 시행되었지만, 여전히 학생들은 수능이라는 절대 기준 앞에서 졸거나 다른 공부에 집중하고 있다. 이는 '잠자는 교실'이 발생하게 된 근본적인 원인을 개선하지 않고, 단순한 교육과정 개편이나 수업 방식의 변화만으로는 '잠자는 교실'을 깨울 수 없다는 점을 시사한다.

'잠자는 교실' 현상은 교육 시스템, 사회 문화, 학생 개인의 요인까지 복합적으로 얽힌 문제인 것이다. 이제 우리는 '잠자는 교실'이라는 낡은 틀을 넘어, 진정한 '깨어 있는 교실'을 만들어야 한다. 그러기 위해서는 중장기적인 대책과 당장 학교 현장에서 할 수 있는 대책을 함께 고민해야 한다.

'잠자는 교실'을 만들게 된 근본 원인 중에 하나인 대학입시 정책은 국가 차원에서 오랜 기간 동안 숙의를 통해 국가의 미래만 바라보고 결정해야지, 특정 집단, 진영, 학교, 지역의 유불리만 보고 근시안적으로 접근해서는 안 된다. 지나친 경쟁도 문제지만, 경쟁 자체를 거부해도 답을 찾을 수 없을 것이다.

진보와 보수를 넘어 국가경쟁력도 확보하고, 학생 한 명 한 명을 훌륭한 민주시민으로 키워나갈 수 있는 방향으로 대학입시정책을 마련하는 것이 차기 정부의 중요한 숙제 중 하나일 것이다. 당장 우리가 학교에서 해야 할 일은 학생 각자의 특성과 가능성을 발견하고 지원해 줄 수 있는 교육환경을 만들어 가는 것이다.

교육청과 학교는 교사가 수업에 집중할 수 있는 환경을 만들어주고, 교사는 다양한 수업 방법을 통해 학생들이 적극적으로 수업에 참여할 수 있도록 해야 한다. 즉, 교사의 수업전문성 향상을 위한 지속적인 지원과 학교 현장의 자율성 확보는 그 출발점인 것이다.

결국, '잠자는 교실'을 '살아 숨 쉬는 배움의 공간'으로 바꾸는 일은 한 사람의 노력만으로는 불가능하다. 교육부와 교육청은 교육 시스템 전반의 혁신을 만들어가고, 학교 현장은 이를 실현할 자율성과 자원을 보장받아야 한다. 교사는 끊임없이 성찰하고 도전하며, 학생과의 신뢰를 바탕으로 수업의 주도권을 함께 나눠야 한다. 학생은 더 이상 수동적 존재가 아닌, 자기 삶을 설계하는 배움의 주체로 거듭나야 한다.

교육은 지식을 넘어서 삶의 태도와 역량을 길러주는 과정이다. 우리는 더 이상 '잠자는 교실'에 아이들의 미래를 맡길 수 없다. 이제는 '배움의 열기로 가득한 교실', '학생이 살아있는 교실'을 만들어야 한다. 그 길에 함께 지혜를 모으고, 실천의 걸음을 내디딜 때다.

- 〈호남교육신문〉, 2025. 5. 20.

교사의 교육 집중 환경 조성, 교육 혁신의 시작

학교 선생님들의 하루 일과는 대부분 비슷하다. 출근과 동시에 등교 지도, 아침자습 지도, 교실환경 정리 등을 하면서 아이들을 맞이한다.

"잘 잤어? 학원 가고 숙제한다고 잠 못 잔 것은 아니야?"
"오늘은 기분이 어때?"

짧은 인사에도 따뜻함을 담아 25명 남짓된 학생들의 안부를 확인하면서 교사의 하루는 시작된다. 하루 평균 4시간 이상의 수업을 하는 교사에게 학교에서의 하루는 늘 시간에 쫓기기 마련이다.

점심시간에는 급식 지도, 학생 상담, 생활 지도, 학년협의회, 각종위원회 회의가 이어진다. 잠깐 쉬는 시간이 생기면 공문 처리, 행정업무 처리가 남아 있다. 학급에서 학교 폭력이나 흡연, 무단결석, 집단 따돌림, 학교부적응 학생이라도 발생하게 되면 며칠 동안은 다른 업무는 할 시간도 없어진다. 새 교육과정으로 바뀐 교과 내용 연구는 뒷전으로 밀리기 일쑤이다.

수업과 학생 생활 지도는 교사의 가장 본질적인 업무이다. 그러나 많은 교사들이 수업보다 행정 업무에 더 많은 시간을 쏟고 있다. 교육청, 지자체, 각종 외부 단체 등의 다양한 공문과 요구가 학교로 몰려들고, 그것을 처리해야 하는 중심에 교사가 있다.

또한 생활 지도조차 이제는 신중하게 접근해야 하는 일이 되었다. 단호한 지도가 오해가 되어 교사가 어려움에 처하기도 하고, 정당한 훈육이 민원으로 번지기도 한다. 아이에게 올바른 길을 알려주려는 열정이 자칫하면 교사의 교육활동을 위축시키는 이유가 되기도 한다.

이런 상황 속에서 교사가 수업과 생활 지도에 오롯이 집중하기란 결코 쉽지 않다. 아이 한 명 한 명의 특성을 고민하고, 그에 맞는 수업을 설계하며, 아이의 감정을 살피는 일은 단순한 노동이 아니라 정성과 애정, 전문성을 요구하는 깊은 '관계의 작업'이다. 그러나 그 관계를 위해 필요한 시간

교육의 질을 말하기 전에, 교사가 교육에 집중할 수 있는 환경을 만드는 것이 선행되어야 한다. 그것이 진정한 교육 혁신의 시작이다.

과 여유가 점점 줄어들고 있다.

  오늘날 교사들은 교육 활동뿐 아니라 수많은 행정 업무에 시달리고 있다. 수업 준비, 학생 지도, 상담 등 본연의 업무 외에도 공문 처리, 보고서 작성, 행사 준비 등 비교육적인 업무가 교사의 책상을 가득 채운다. 이로 인해 교사들은 교육의 본질에서 점점 멀어지고, 학생에게 온전히 집중할 수 없는 현실에 놓여 있다. 이러한 문제를 해결하기 위한 실질적인 해법 중 하나가 바로 '행정전담교사 배치'라 생각한다. 즉, 학교의 주요 업무를 전담하고 있는 교육행정지원팀 교사가 수업을 하지 않고 업무만 전념할 수 있도록 인력을 추가 배치하거나 수업시수를 지원해주는 것이다.

행정전담교사가 배치되면 교사들의 행정업무 부담을 실질적으로 덜어줄 수 있다. 행정전담교사는 학교내 교사 중에서 보직교사 형태로 배치하고, 학교내 각 부서에 나눠져 있는 여러 업무를 맞아 처리하거나 지원해준다면, 나머지 교사는 수업과 학생 지도에 집중할 수 있는 시간을 확보하게 된다.

교사들이 행정업무에서 자유로워지면 자연스레 수업의 질이 높아진다. 수업 연구와 교육 콘텐츠 개발에 더 많은 시간과 에너지를 쏟을 수 있게 되면서, 이는 곧 학생들에게 더 나은 교육으로 이어진다. 결국 교사의 전문성을 강화하고, 교육의 질을 끌어올리는 선순환 구조를 만들 수 있는 것이다.

이제는 교육의 질을 말하기 전에, 교사가 교육에 집중할 수 있는 환경을 만드는 것이 선행되어야 한다. 그것이 진정한 교육 혁신의 시작이다.

− 〈남도일보〉, 2025. 5. 26.

코로나19가 남긴
'광주교육의 새로운 과제'

올해 초 수업에 들어가면 마음이 유독 쓰이는 학생들이 몇몇 보였다. 코로나19가 끝나고 더 이상 마스크를 착용하지 않아도 되었지만, 여러 가지 이유로 아직까지 마스크를 벗지 못한 학생들이다. 코로나19는 종식되었지만, 몇몇 아이들은 아직도 코로나19 팬데믹에서 벗어나지 못하고 있다.

코로나19 팬데믹이 남긴 그림자 '정서불안과 사회성 저하'

코로나19의 여파로 학교는 그 어느 때보다도 급격한 변화를 겪었다. 교장과 교사로서 지난 몇 년간 학교 현장에서 직접 경험한 문제점들을 돌아보면 코로나19가 남긴 상처와 과제는 결코 가볍지 않다는 걸 느낀다. 코로나19로 인해 가장 두드러진 문제는 학습격차의 심화다.

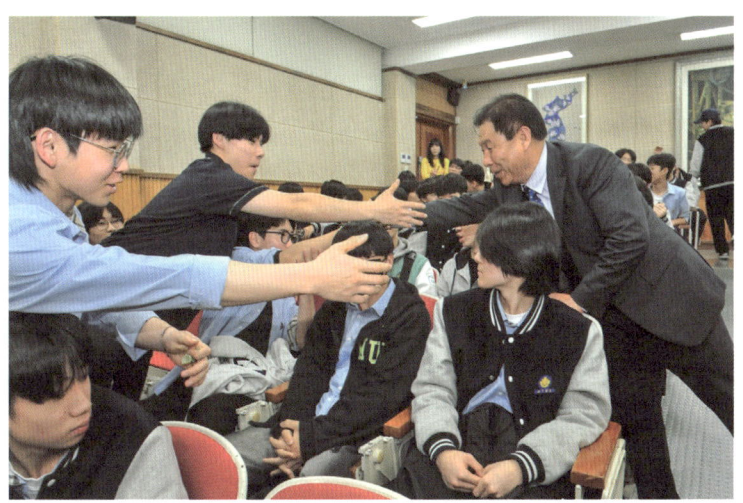
학교는 단순히 지식을 전달하는 공간이 아니라, 또래와의 상호작용을 통해 사회성을 기르고 정서적 성장을 이루는 중요한 장소다.

　원격수업을 도입하면서 학생들의 가정환경, 자기주도학습 능력, 디지털 기기 접근성에 따라 학업 성취도가 크게 달라졌다. 일부 학생들은 가정에서 충분한 지원을 받으며 원격수업에 잘 적응했지만, 그렇지 못한 학생들은 수업 참여 자체가 어려웠다. 사실 교사들이 온라인 수업을 하면서 느낀 가장 큰 어려움은, 학생 한 명 한 명이 수업 내용을 제대로 이해했는지를 실시간으로 파악하기 어렵다는 점이었다.

공부하는 방법을 몰라 누워 있는 학생들

학생의 표정, 반응, 질문과 대답을 통해 학생들이 수업 내용을 얼마만큼 이해하고 있는지를 파악하고 즉각적인 피드백을 제공했던 대면 수업과 달리 온라인 환경에서는 학생들이 화면 너머에서 얼마나 집중하고 있는지, 과제를 제대로 수행하고 있는지, 올려놓은 수업 자료를 제대로 보았는지 확인하기란 쉽지 않았다.

또한, 자기주도적 학습 능력을 키워야 할 시기에 그 방법을 못 배운 학생들은 돌아온 학교에서 스스로 공부하지 못하고 무기력한 모습을 보였다. A를 알아야 B를 해낼 수 있는데 A를 제대로 배우지 못하고 B를 해내야만 하는 부담감을 안고 학교에 가고 있다.

벌어진 학습 격차 때문에 교사들은 A부터 다시 가르쳐야 할지, B로 바로 넘어가야 할지 판단에 어려움을 겪는 것 또한 마찬가지다. 수업시간에 수업에 적응하지 못하고 누워 있는 학생들, 누구를 탓해야 하는 것일까?

활기를 잃은 학생들

학교와 학원의 가장 큰 차이점은 학교는 단순히 지식을 전달하는 공간이 아니라, 또래와의 상호작용을 통해 사회성을 기르고 정서적 성장을 이루는 중요한 장소라는 것이다. 그러나 코로나19로 인해 등교가 제한되고, 교실 내에서도 거리 두기와 마스크 착용을 필수적으로 하면서 학생들 간의 소통이 크게 줄었다.

축제, 동아리, 체육대회, 소풍 등 다양한 학교 행사를 취소 또는 축소하면서 학생들은 친구들과의 관계 형성에 많은 어려움을 겪었고, 깨어 있는 시간 대부분을 학교에서 보내는 학생들에게서 흥미와 즐거움의 기회를 앗아갔다. 학교에는 아직도 마스크를 벗지 못하는 학생들이 보인다.

처음에는 바이러스 감염에 대한 두려움으로 쓰기 시작한 마스크가 시간이 흐르면서 단순한 방역 도구를 넘어 학생들에게 '심리적 방패'가 돼가는 듯하다. 얼굴을 가려주는 마스크는 타인의 시선을 조금 더 편하게 견딜 수 있고, 표정을 숨길 수 있는 안전지대가 돼주었을 것이다.

누군가와 눈을 맞추고, 미소를 짓고, 감정을 나누는 것에 익숙하지 않은 학생들은 마스크 뒤에 숨는 게 편하다고 느꼈을 것이고, 그렇기에 마스크는 사회적 불안과 긴장을 완화해주는 심리적 장치가 되어버린 셈이다.

이제는 '벗는 연습'이 필요하다

우리는 코로나19를 극복했고 그 상처도 점차 아물고 있다. 하지만 그렇지 못한 학생들이 아직도 남아 있다. 마스크를 벗는 것이 일상이 된 지금, 학생들이 다시금 서로의 얼굴을 마주하고, 자연스럽게 소통할 수 있도록 도와주는 것이 중요하다.

학교와 가정에서는 학생들이 마스크를 벗고도 자신감을 가질 수 있도록 작은 모임이나 활동, 긍정적인 피드백을 통해 점진적으로 적응할 수 있는 환경을 만들어줘야 한다. 일부러라도 친구를 만들어주기 위해 학교와 교사, 어른들은 노력을 해야 하고 필요하다면 예산과 시간도 아끼지 말아야 한다. 코로나19는 매우 특별한 상황이었던 만큼 이를 헤어 나오지 못하는 학생이 있다면 더 특별하게 노력을 기울여야만 한다.

위기를 기회로

코로나19는 학교와 교사, 학생, 학부모 모두에게 큰 상처와 숙제를 남겼다. 하지만 이 위기를 계기로 교육의 본질을 되돌아보고, 모두가 성장할 수 있는 새로운 학교문화를 만들어가는 데 힘을 모아야 할 때이다. 교사는 학생 한 명 한 명의 회복과 성장을 위해, 그리고 더 나은 교육 환경을 위해 계속 고민하고 실천해 나가야 한다.

저학년부터 기초학력 진단을 체계적으로 실시하고, 미달 학생에 대한 학교-지역사회 연계 지원체계를 마련함과 동시에 자기주도적 학습능력을 높일 수 있는 토론, 프로젝트 학습, 문제해결 중심 수업 등의 프로그램도 마련되어야 할 것이다. 동아리, 자원봉사, 멘토링 등 다양한 비교과 활동을 통하여 성취동기와 효능감을 높이는 활동도 필요하다.

또한, 장기적으로 공교육의 역할 강화와 사회적, 경제적 불평등 해소를 위한 지속적인 노력이 병행되어야 효과를 거둘 수 있을 것이다. 이는 새로운 대한민국과 광주교육이 나아가야 할 방향이기도 하다.

— 〈호남교육신문〉, 2025. 5. 26.

다문화 교육,
지역사회와 함께 키우는 공존의 힘 필요

초등학교 복도에서 들려오는 인사, "Xin chào!"(신짜오!)

낯설지만 따뜻한 인사말이 친구들 사이를 오가며 자연스러운 대화한다. 이제 '다문화'는 특별한 뉴스 속 이야기가 아니라, 우리의 교실과 일상 안으로 깊숙이 들어온 현실이다.

2025년 5월 기준, 광주광역시 내 각종 특수·초·중·고교에 재학 중인 총 학생 수는 159,651명. 이 중 다문화 가정 학생은 약 5,400여 명으로 전체 학생 중 3.3%에 이른다. 특히 광산구는 다문화 가정 비율이 높은 대표 지역 중 하나다. 그러나 이 아이들이 교실 안에서 안정적으로 성장하기까지, 교사 혼자 감당하기엔 현실의 벽이 높다.

교사의 손 내밈에 지역이 응답할 때

광산구의 한 중학교 수업 시작 전, 교사는 조용히 교실 뒷자리에 앉아 있는 민화를 바라본다. 베트남 출신 어머니와 함께 한국에 온 민화는 여전히 친구들과 어울리는 데 어려움을 겪고 있다. 쉬는 시간엔 조용히 그림을 그리거나, 점심시간엔 혼자 식사를 마치고 자리를 뜨곤 한다.

며칠 전 열린 학부모 상담에 민화의 어머니는 참석하지 못했다. 통역 지원이 없었기 때문이다. 교사도, 민화도, 어머니도 조심스럽게 서로를 바라보았고 그 어색하고도 서글픈 순간은 교사의 마음에 깊이 남았다. 다음 날 아침, 교사는 광산구 다문화가족지원센터에 전화를 걸었다.

"혹시 민화 어머님께 통역 지원이 가능할까요?" 작은 손 내밈이었다. 그리고 다행히 지역은 그 손을 잡아 주었다. 센터는 즉시 통역 인력을 연결해주었고, 어머니에게 생활 한국어 교육 프로그램을 안내했다.

민화 역시 센터와 연계된 방과 후 프로그램에 참여하며, 또래 친구들과 언어 활동과 문화 놀이를 함께하면서 점차 밝은 모습을 되찾아갔다. 이렇게 학교와 지역이 유기적으로 연결되어 있을 때, 다문화 교육은 교실을 넘어 지역 사회 전체에 뿌리내릴 수 있다.

공존은 따로 가르치는 게 아니다. 함께 사는 법을 배우는 것이다. 다문화 교육은 단순히 언어나 문화를 소개하는 수업 몇 시간으로 충분하지 않다. 더 중요한 것은 '다름'을 두려워하지 않고, '낯섦'을 자연스럽게 받아들이는 분위기다. 이러한 감수성은 교과서로만 길러지지 않는다. 지역 축제 등에서 전통문화를 체험하고, 요리 교실에서 서로의 음식을 나누며, 교실에서 친구의 이야기에 귀를 기울이는 경험을 쌓게 해야 한다.

학생과 학부모, 교사, 이웃이 함께 어우러지는 장을 꾸준히 마련할 필요가 있다. 다문화 아동을 위한 언어 교육, 진로 체험, 가족 소통 프로그램을 운영하며 학교와 긴밀히 협력해야 한다. 이러한 지역 기반의 연계 프로그램은 단순한 행사 차원을 넘어, 공존의 문화를 교육 일상 속에 스며들게 하는 역할을 해야 한다.

이제는 '함께 돌보는 구조'가 필요

많은 교사들이 말한다. "마음은 있는데, 시간이 없습니다."

수업과 상담, 행정과 공문, 민원과 기록 사이에서 학생 한 명을 위한 따뜻한 시간조차 확보하기 어려운 게 현실이다. 다문화 교육 역시 이 부담 속에 밀려날 때가 많다. 이제는 개인의 선의가 아니라, 제도와 구조가 함께 움직여야 할 때다. 지속 가능한 다문화 교육을 위해 다음과 같은 세 가지 기반이 필요하다.

첫째, 지역 단위 협업 시스템 구축이 필요하다. 교육청, 지자체, 지역센터, 학교 간의 협업을 제도화하고, 정기적인 교류와 정보 공유 체계를 마련해야 한다.

둘째, 학교 내 '다문화 교육 코디네이터'를 배치해야 한다. 전문 인력이 학교와 지역 자원을 연결하는 역할을 맡아 교사의 부담을 줄이고 교육의 품질을 높여야 한다.

셋째, 다문화 이해 교육의 일상화가 필요하다. 특별한 행사나 일회성 체험이 아닌, 정규수업과 학사 일정 속에 다문화 감수성을 녹여내는 노력이 필요하다.

교육은 교실에서 시작되고, 마을에서 완성돼

다문화 교육은 이제 일부 학생을 위한 특별한 프로그램이 아니다. 이 사회가 '다름'을 받아들이고 '공존'을 실천할 준비가 되어 있는지를 묻는 질문이다. 그리고 그 해답은 교사 한 사람의 고군분투만으로 얻을 수 없다. 민화처럼 한 아이가 교실에서 마음을 열기까지, 교사의 따뜻한 시선과 지역의 손길, 마을의 응원이 함께해야 한다.

교사 한 사람의 마음에서 시작된 변화는 지역과 연결될 때 비로소 아이에게 진짜 힘이 된다.

"아이 곁에 교사가 있고, 교사 곁엔 지역이 있다." 학교가 손을 내밀 때, 지역이 함께 손을 맞잡을 수 있도록. 이것이 바로 우리가 만들어가야 할 공존의 교육, 그리고 진짜 교육의 힘이다.

- 〈호남교육신문〉, 2025. 7. 11.

방학의 의미

 방학의 한자어를 살펴보면, 놓아줄 '방(放)'과 배울 '학(學)'을 쓴다. 즉, 학생을 학업에서 잠시 해방하고 휴식과 재충전의 기회를 주는 것이다. 그러나 교사에게 방학은 배움으로부터의 해방을 의미하지 않는다. 교사는 방학 동안에도 배움과 가르침을 위한 준비를 계속해야 한다. 이전 학기의 수업을 되돌아보며 동시에 다음 학기에 대한 고민이 시작된다.

 학생들을 가르치기 위해 교사가 더 단단하게 채워나가는 기간이 바로 방학이다. 가르침을 내어주기 위해서는 채우는 시간이 필요하다. 선생님들은 새로운 수업 아이디어 개발, 교육과정 재구성을 하며 다음 학기를 준비한다. 학기 중에는 수업하고 업무 처리하느라 숨 쉴 틈도 없지만, 방학 때에 연수를 통해 새로운 영역의 지식을 쌓고 수업기법과 교육 방법을 배우고 나누기도 한다. 교사에게는 방학이 교육을 더 넓고 깊게 배우고 학습하는 시간이다. 즉 방학은 가르침을 멈추는 시간이 아니라, 더 나은 가르침을 준비하는 시간이다.

교사의 배움뿐만 아니라 교사의 업무도 방학 중에는 쉬지 않고 이어진다. 방과 후 수업, 학생 생활기록부 작성, 연수, 행정업무와 공문 처리로 방학 중에도 온전히 쉬는 기간이 거의 없다. 선생님들은 학기 중에는 학생 수업으로 인하여 연가나 휴가를 쓰기가 사실상 불가능하다. 개인적으로 자신을 돌볼 수 있는 '온전한 휴식'의 시간을 갖기가 어렵기에 선생님들은 교육 업무 본연을 방해하는 여러 요인들로 인해 소진된 상태이다. 교사에게는 방학이 배움을 채워가며 신체적이고 정신적인 회복을 할 수 있는 시간이다.

그런데 선생님들의 배움을 돕는 일, 그리고 선생님들의 소진을 막는 일 모두 교사의 개인적인 노력에 맡길 일이 아니다. 개인이 혼자서 해결하는 것이 아니라 구조적인 제도가 작동되어야 한다. 교사가 학교 교육을 위해 새로운 지식을 배우는 데에는 재정적이고 행정적인 지원이 뒷받침되어야 한다. 현재는 교사 개인이 알아서 자신의 배움을 채워야 하고, 때로는 비용마저 개인적으로 지출해야 하는 구조이다.

광주광역시교육청의 경우, 교사자율연수비가 1인당 25만

원으로 책정되어 있다. 1개월이 아니라 1년간의 비용이 25만 원이다. 이마저도 '권장' 기준이라서 학교에 따라 이 연수비를 다 지원하지 않는 일도 있다. 내용은 매우 한정되어 있어 소수의 사설 교원연수원에서 정식으로 개설한 교사 연수 과정에만 지출할 수 있다. 최근에서야 전교조의 교섭으로 연수등록비와 함께 도서 구입이 가능하게 되었다. 하지만 도서 구입뿐만 아니라 선생님들이 새로운 지식을 쌓을 수 있도록 학회, 세미나, 학업, 교육과정상 필요시 전문 학원, 어학 자격증 취득 등에도 교원자율연수비를 이용할 수 있게 범위와 예산을 확대하여야 한다.

새 학기를 준비하며 방학을 바쁘게 채워오신 선생님들에게 존경의 말씀을 드린다. 다가오는 새 학기는 또 어떻게 살아내야 하나 걱정도 될 것이다. 하지만 항상 그래왔듯이, 선생님만을 바라보며 초롱초롱한 배움의 눈빛을 보내는 학생들을 생각하면 교사로서 살아낼 힘과 용기를 얻으실 것이다. 교육현장에서 사람 사는 교육을 실천하며 사람을 키워내는 우리 선생님들을 존경한다.

― 〈전남일보〉, 2025. 8. 18.

모두가 함께 만드는
교육 공동체를 위하여

　학교는 아이들의 성장을 돕는 소중한 공간이다. 이곳에는 교원, 교육 행정직원, 교육 공무직원 등 다양한 역할의 구성원이 함께하고 있다.

　하지만 안타깝게도 이 모든 구성원이 진정으로 '공동 운명체'라는 인식을 가지고 소통하며 협력하는 기반은 아직 미약하다.

　특히 교육 행정직원과 교육 공무직원들의 현장 경험과 전문성이 교육 정책 추진 과정에서 충분히 반영되지 못하는 경우가 많아, 학교 안에는 보이지 않는 직군 간의 벽과 소외감이 존재한다.

　진정으로 아이들을 위한 '최고의 학교'를 만들려면, 이 모든 벽을 허물고 모든 구성원이 함께 협력하는 진정한 공동체를 이뤄야 한다.

학교는 어느 한 직군만의 공간이 아니다. 교원, 교육 행정직원, 교육 공무직원 모두가 학교를 지탱하는 소중한 존재들이다.

   학교 공동체의 연대가 중요한 이유는 명확하다. 각자의 역할이 아무리 중요해도, 서로 유기적으로 연결되고 협력할 때 비로소 진정한 시너지를 낼 수 있기 때문이다. 이는 학교 운영의 효율성을 높이고, 아이들에게 더 풍요롭고 안전하며 행복한 학습 환경을 제공하는 밑거름이 된다.
   교육 행정직원과 교육 공무직원은 학교 현장의 숨은 주역이자 핵심 동력이다. 이들에게 합당한 '직무와 지위'를 부여하고, 학교 운영과 정책 결정에 당당한 주체로서 함께 머리를 맞댈 수 있게 해야 한다.
   교육 공무직원 관련 각종 정책 수립과 집행 시 교육 공무직원들이 직접 참여할 수 있는 제도를 만드는 것도 좋은 아이디어다. 광주시교육청 노동정책 관련 주요 부서에 교육 공무직 전문 인력을 배치하는 혁신적 시도가 필요하다.

현재 광주시교육청 노동정책과는 노사협력, 공무직 인사 등을 담당하지만, 일반직 공무원 위주로 구성해 현장의 목소리가 충분히 반영되지 못할 때가 있다.

이 부서의 핵심 보직 일부를 '공모 형식'으로 개방해, 현장 경험이 풍부하고 탁월한 역량을 갖춘 교육 공무직원을 배치한다면 정책의 현실성과 실효성을 높일 수 있다. 이는 탁상공론이 아닌, 현장 밀착형 정책을 만들어낼 수 있는 가장 효과적인 방안이 될 것이다.

이러한 혁신적인 시도가 성공하기 위해서는 초기 도입 단계부터 세심한 고려가 필요하다. 기존 조직 구성원과의 융합, 공정하고 투명한 공모 절차, 배치될 교육 공무직 인력의 명확한 직무 권한과 역할 정의, 관련 법적·제도적 기반 마련 등이 뒷받침돼야 한다.

교육 공무직의 직무 전문성 강화를 위한 지원과 이들의 의견을 수렴하는 다양한 소통 채널도 활성화해야 한다.

노동정책과 내 직무 배치를 시작으로 교육 공무직의 정책 제안 제도를 마련하고, 현장 데이터 기반의 정책 자문단 운영, 현장 의견 수렴 시스템 도입 등 교육 정책 수립 과정 전반에 걸쳐 교육 공무직원의 참여를 확대하는 혁신적인 노력이 이어져야 한다.

　학교는 어느 한 직군만의 공간이 아니다. 교원, 교육 행정직원, 교육 공무직원 모두가 학교를 지탱하는 소중한 존재들이다.
　이들이 서로의 다름을 존중하고 열린 마음으로 소통하며, 함께 의사결정 과정에 참여할 때 진정한 의미의 '공동체'로 거듭날 수 있다. 누구 하나 소외됨 없이 모두가 함께 교육정책을 만들어 나가는, 사람 냄새 나는 온기가 가득한 교육 공동체를 향해 나아갈 수 있다.
　이러한 변화는 학교와 교육 행정 전체의 역량을 강화하고, 궁극적으로 미래 세대의 주역인 우리 아이들에게 더 밝고 건강하며 풍요로운 교육 환경을 선물할 것이라 확신한다. 사람 사는 세상! 함께 만들어갈 학교의 미래를 기대한다.

― 〈뉴스1〉, 2025. 8. 20.

사람 사는 세상,
사람 사는 교육이 필요한 시대

'아이 한 명을 키우기 위해 온 마을이 필요하다.'는 말은 가장 많이 언급되는 명언 중 하나입니다. 이는 한 명 한 명의 아이가 가정과 국가 모두에 매우 소중한 존재이며, 아이를 잘 키우기 위해 사회 전체의 전폭적인 지원과 협력이 필요하다는 의미일 것입니다.

노무현 전 대통령께서는 EBS 특강에서 우리 아이들이 모두 어우러져 사는 사회로 가야 한다며 다음과 같이 말씀하셨습니다.

> 누구나 내 자식은 일류 대학교에 보내고 싶고, 대학은 좋은 학생들을 뽑아 명성을 높이고 싶을 것입니다. 그러나 우리는 내 자식만이 아니라 '우리 아이들'이 모두 함께 어우러져 서로 돕고 의지하며 평등하게 살아가는 사회로 만

들어 가도록 지도해야 합니다. 나만 생각한다면, 우리 사회가 끝내 힘 있고 성공한 사람에게만 기회가 주어진다면, 힘없고 약한 사람은 점점 더 낙오하는 사회로 갈 수밖에 없습니다. 그런데 낙오하는 사람이 많아지면, 힘 있는 사람이라 할지라도 자신을 완전히 방어할 수 없습니다. 그래서 더불어 함께 가는 사회가 필요합니다.

– EBS특강, 2007. 4. 8.

노무현이 만들고자 했던 '사람 사는 세상'은 더불어 함께 가는 사회였습니다. 이는 앞으로 우리가 완성해야 할 목표이자 이상이며, 이재명 대통령도 이를 실현하기 위해 다양한 공약을 제시했습니다.

이재명 대통령의 대표 교육 공약인 '서울대 10개 만들기' 등은 이를 실천하기 위한 구체적인 방법입니다. 대한민국 교육의 블랙홀인 대학 입시 경쟁을 완화하고, 소멸해 가는 지방을 살리기 위해 지방 대학의 경쟁력을 높이자는 것입니다.

그러나 '서울대 10개 만들기' 정책이 성공한다면 대학 입시 경쟁은 다소 완화되겠지만, 궁극적인 해결책이 되기는 어려울 것입니다. 대학 입시 경쟁을 완화하거나 해소하는 유일한 방법은 고등학교나 지방 대학을 졸업해도 학력 때문

노무현이 꿈꿨던 "우리 아이들, 한 명도 낙오하지 않는 사회"를 저 또한 꿈꾸고 있습니다.

에 차별받지 않는 사회를 만드는 것입니다.

산업재해로 억울하게 죽어가는 사람이 더 이상 발생하지 않고, 열심히 일하면 최소한 사람답게 살아갈 수 있는 사회를 만들어야 합니다. 우리는 끊임없이 이를 위해 노력해야 하고, 우리 자녀 한 명 한 명이 사회에서 귀중한 존재로 자리매김할 수 있도록 차별을 없애고 사회 제도를 개선해야 합니다.

학교와 교육청에서는 이러한 사회적 노력과 더불어 아이들이 꿈꾸는 다양한 진로를 자신의 적성에 맞게 잘 찾아주는 것이 현실적으로 매우 중요한 과제입니다. 수학, 과학, 예술, 글쓰기, 손기술 등 각자의 재능을 살리거나, 배우는 것이 조금 느리더라도 자기 몫을 해낼 수 있는 아이, 마음과 몸이 아파 더 관심이 필요한 아이 등 우리 주변의 다양한 아이들에게 맞춤형 지원을 해주어야 합니다.

즉, 공부를 잘하는 것도 하나의 적성으로 보고, 그 능력을 공동체의 발전을 위해 사용할 수 있도록 교육하는 것이 매우 중요합니다. 공부를 못한다고 무시당하고, 공부 잘하는 학생들의 들러리로 만드는 현재의 교육 제도와 행정을 과감하게 바꿔 나가야 합니다.

경쟁을 무조건적으로 거부하는 것도, 경쟁 만능주의도 우리 모두가 경계해야 합니다. 학생 한 명 한 명을 소중한 인재로 키워나가는 것이 바로 '사람 사는 세상', '사람 사는 교육'의 목표입니다.

저는 노무현을 존경하고 사랑합니다. 그가 꿈꿨던 "우리 아이들, 한 명도 낙오하지 않는 사회"를 저 또한 꿈꿨기에 더욱 그렇습니다. 그런 뜻에서 저는 우리 광주의 모든 시민,

공익 단체, 시민 단체, 기업, 공공 기관 등이 교육의 장이라고 생각해 왔고, 어떤 면에서는 일선 학교 현장 못지않게 중요한 교육의 장이라고 생각해 왔습니다.

제가 노무현재단 시민학교장으로 활동한 것도 같은 맥락입니다. 저는 우리 광주 사회의 교육적 능력을 깨닫고 싶었고, 그 능력에 조금이라도 보탬이 되고 싶었습니다. 그 과정에서 학교 현장에서는 배울 수 없는 많은 것을 깨닫고 배웠습니다.

시민학교는 노무현의 가치와 철학을 배우고 실천하는 시민을 양성하기 위해 특정 대상에 한정되지 않고 누구나 참여할 수 있는 프로그램을 운영하고 있습니다. 중학생 등 청소년을 대상으로 하는 청소년 시민학교, 정치와 시민 사회 리더가 되고자 하는 시민을 위한 노무현 리더십 학교, 그리고 다양한 시민 교육 등이 대표적입니다.

저는 노무현재단 광주지역위원회 시민학교장을 전교조 광주지부장과 함께 제 인생에서 가장 보람된 경력 중 하나라고 생각합니다. 그 경험이 우리 아이들 한 명 한 명의 꿈과 희망을 키우는 데 큰 도움이 되어 진정으로 사람 사는 세상 실현에 크게 기여하기를 소망합니다.

― 〈국제뉴스〉, 2025. 8. 29.

정의롭고 당당한 '광주학생 육성' 제언

지난해 12월, 대한민국에는 큰 위기가 닥쳤다. 당시 윤석열 대통령이 비상계엄을 선포하는 이른바 친위쿠데타를 자행하였다. 내란 세력은 헌법 77조에 규정된 대통령 권한이라는 주장을 하고 있으나, 의회 다수당이 대통령의 마음에 들지 않는 것이 "전시·사변 또는 이에 준하는 국가비상사태"에 해당한다는 발상 자체가 코미디라고 볼 수 있다.

비상계엄을 해제하기 위해서는 국회 재적의원 과반수의 찬성이 필요하다. 그 늦은 시간에 국회의원이 모여 계엄 해제 의결을 한 이면에는 수많은 사람들의 노력과 헌신이 있었다. 국회 담을 넘어 들어간 국회의원들, 국회에 진입하려는 군인들을 저지하려 한 시민들의 행동은 계엄을 막은 가장 큰 힘이었다. 또한 비상계엄의 위법성을 감지하고, 국회 진입을 태만히 하는 한편 상부 지시를 따르지 않은 계엄군

계엄과 탄핵을 넘어선 광주의 다음 세대는, 단지 역사를 기억하는 것을 넘어, 정의를 실천하고 담대하게 세상을 바꾸는 시민으로 성장해야 한다.

들의 민주시민의식도 큰 역할을 하였다.

 흔히들, '5월의 영령들이 오늘의 산 자들을 구했다.'라고 한다. 1980년 5월, 광주는 계엄령의 총칼 앞에서도 굴하지 않았다. 정의를 향한 시민들의 항거는 민주주의의 초석이 되었고, 그 정신이 오늘까지 살아 있음을 확인했다. 5·18 이후에도 탄핵이라는 또 다른 시대적 분수령을 지나며, 대한민국은 진보와 후퇴를 반복했지만, 그 중심에는 늘 깨어 있는 시민과 청년들이 있었다.

작금의 상황에서 묻지 않을 수 없다. 선배들의 피와 땀으로 이룩해낸 광주정신을 경험으로만 남겨둘 것인가, 아니면 다음 세대가 그 정신을 계승하고 더욱 확장할 수 있도록 실천적 기반을 마련할 것인가 말이다.

광주정신을 실천하는 정의롭고 당당한 광주학생을 육성한다는 것은 단지 학교교육을 강화하는 수준을 넘어서는 일이다. 그것은 민주주의 역사에 대한 감수성과 공동체적 책임의식을 심화시키고, 비판적 사고와 참여적 시민성을 갖춘 미래 인재를 기르는 일일 것이다.

먼저 지역 정체성과 민주주의에 대한 교육 강화가 필요하다. 광주정신은 단지 과거의 희생이 아닌 오늘을 비추는 거울이자 내일을 여는 나침반이다. 학생들이 지역의 아픈 역사와 자랑스러운 저항을 배우고, 이를 바탕으로 스스로 사회문제를 고민할 수 있도록 교육과정을 체계적으로 마련해야 한다. 5·18교과서가 마련되어 있어도 지역 내에 해당 교과를 선택해서 듣는 학교가 거의 없다는 점을 감안한다면 이에 대한 교육 당국의 실현 의지를 끌어올려야 할 것이다.

둘째, 실천적 시민교육의 확대가 필요하다. 학생 스스로 지역사회 문제에 참여할 수 있는 기회를 확대함으로써, 학문으로서 민주주의가 아니라 삶으로서 민주주의를 실현할 수 있도록 가르쳐야 한다. 학교와 지역 단체, 시민사회가 협력하여 체험 중심의 프로젝트를 개발하고, 역사적 의미뿐만 아니라 오늘의 삶에 포함할 수 있도록 시스템을 재정비해야 한다.

셋째, 정의에 민감한 감수성을 키우는 문화가 필요하다. 몇몇 정치인의 갈라치기에 선동되지 않기 위해서는 민주주의 감수성이 절실히 요구된다. 토론과 표현의 자유를 보장하고, 다양성의 가치를 존중하는 학교 문화 정립이 정의로운 광주 청년을 키울 수 있는 밑거름이 될 것이다. 우리 지역의 학생들이 자신의 목소리를 낼 수 있는 구조를 갖추는 것은 선택이 아닌 필수 사항이다.

광주정신은 박제된 기념비가 아니다. 도시의 이름이 하나의 '정신'으로 인식된다는 것은 그 도시의 커다란 자랑거리이다. 그 정신은 우리가 살아가는 매 순간, 스스로를 돌아보고 사회와 함께 성장하는 힘이 된다. 계엄과 탄핵을 넘어선 광주의 다음 세대는, 단지 역사를 기억하는 것을 넘어, 정의를 실천하고 담대하게 세상을 바꾸는 시민으로 성장해야 한다.

그 길의 출발은 교실이며, 광주의 교육이 그 씨앗이 되어야 한다.

― 〈광남일보〉, 2025. 9. 22.

기초학력 보장,
선언을 넘어서 실천으로

성과는 있지만 여전히 놓치고 있는 아이들

'한 아이도 포기하지 않겠다.'는 구호 아래, 광주광역시교육청은 최근 기초학력 보장을 위한 다양한 정책을 추진하고 있다. 2025년 설립된 기초학력지원센터, 기초학력 전담교사제 확대, AI 진단 시스템 도입, 방학 중 프로그램 운영 등은 분명 진일보한 시도로 평가받는다. 하지만 교사와 학부모의 체감은 꼭 그렇지만은 않다. 일부 전담교사는 과도한 업무 부담에 지쳐가고 있고, 프로그램은 단기성과 중심으로 기획되는 경우가 많다. 학습 부진의 원인이 다양한 만큼 단일 프로그램으로는 충분하지 않다는 것이 현장의 목소리다.

진단은 고도화되었지만 지원은 아직 단선적

AI 기반 진단 시스템이나 에듀테크 기반 지도는 분명 정

'한 아이도 포기하지 않겠다.'

교한 분석을 가능케 하지만, 진단 이후의 지원 체계는 여전히 일률적이다. 읽고 쓰기의 단순 보충 수업에 그치는 경우도 많고, 정서 불안, 난독·경계선 지능 등 복합 요인을 고려한 다차원적 접근은 미흡하다.

서울시교육청은 2025년부터 '서울형 기초학력 지원체계'를 통해 진단부터 맞춤형 프로그램까지의 연계 체계를 강화하고 있으며, 난독증 진단 및 개별화된 프로그램을 연계하여 지원의 '질'을 높이는 데 집중하고 있다. 또한 부산교육청은 심리·정서 중심 통합지원 모델을 도입해 상담, 치료, 학습을 통합한 모델을 운영하고 있다. 이는 기초학력 부진의 본질을 학습 결손이 아닌 복합적 성장 문제로 바라보는 관점 전환의 결과다. 광주교육청도 타시도 교육청 사례처럼 정서적 지원, 보호자 연계, 상담 중심 개입 등으로 확장하지 않으면 정밀한 진단이 '데이터 축적'에만 머무는 한계를 벗어나기 어려울 것이다.

현장을 살리는 정책이 되어야

기초학력 보장은 학교의 책임이다. 그러나 동시에 교사들이 수업에 집중할 수 있는 환경이 전제되어야 한다. 울산교육청은 교사 행정업무를 줄이고, 자율적 수업 연구를 장려하는 학교 조직 재구조화로 전담교사의 피로도를 낮췄고, 강원교육청은 '교실 안 돌봄교실'과 같은 교사 협업 모델을 확대하여 학습지원이 교사의 책임에만 머무르지 않도록 하였다.

광주의 경우, 전담교사의 역할은 여전히 명확하지 않고, 지속 가능성에 대한 불안도 존재한다. 교사 1인이 수십 명의 학생을 진단·지도·상담까지 맡는 구조는 제도 유지 자체를 어렵게 한다. 보다 근본적인 해결을 위해서는 전담교사의 정규 인력화, 학교당 기준 인원 확보, 지속적 예산 뒷받침, 학습지원센터의 현장 밀착형 기능 강화 등이 필요하다.

그리고 기초학력 보장은 교육청이나 학교만의 과제가 아니다. 서울시교육청의 학부모 교육 연계 프로그램, 충북교육청의 지역사회 학습멘토링 모델, 대구교육청의 AI 진단-심리 지원-교과 협업이 통합된 학습클리닉 운영 등 사회 전체가 함께하는 교육생태계가 갖추어져야 진정한 기초학력 보장이 가능하다.

모든 아이의 성장을 위한 약속, 이제는 실천할 때

광주의 기초학력 보장 정책은 '숫자로 보이는 성과'라는 결과물만을 남기기엔 부족하지 않다. 하지만 진짜 중요한 것은 숫자가 아니라, 그 숫자 속 한 명 한 명의 아이들이다. 정책은 계속해서 실험되고 있지만, 그 중심에는 반드시 현장 교사와 학생의 삶이 놓여야 하며, 다른 시도교육청의 성공 사례를 유연하게 벤치마킹하며 지역 특성에 맞는 지속 가능한 모델을 만들어야 한다.

기초학력 보장은 단지 '결손을 메우는 일'이 아니다. 모두가 배움으로 연결될 수 있도록 사회가 함께 지지하는 '성장권리'의 문제다. 이제는 선언을 넘어, 실천의 시간이다.

- 〈프라임경제〉, 2025. 9. 22.

'광주정신'을 광주교육의 핵심으로

 도시는 인간의 정치·경제·사회적인 활동이 중심이 되는 장소를 말하며 흔히 비교적 인구 밀도가 높은 지역을 뜻한다. 세계적인 도시는 많다. 파리는 프랑스의 수도이자 패션과 예술의 도시이며, 바르셀로나는 가우디의 건축물과 아름다운 해변으로 유명한 스페인의 도시다. 세계적인 도시는 대부분 풍경이 아름답거나 예술적·문화적 가치가 높은 곳이 많다.

 그러나 인간이 지녀야 할 고귀한 정신을 도시 이름에 접목하는 경우는 흔치 않다. 대표적으로 '노동은 상품이 아니다.'라는 '필라델피아 선언'에 입각한 '필라델피아 정신'을 꼽을 수 있다. 고귀한 '정신'을 나타내는 '도시'가 있는 것이다. 자랑스럽게도 우리에게는 불의에 대한 저항과 아름다운 연대의 '광주정신'이 있다. 세계적으로 자랑스러운 일이다.

민주주의는 국가를 운영하는 시스템 중의 하나이다. 현재 주요 선진국들은 대부분 민주주의를 그 국가의 이념으로 하고 있다. 그만큼 민주주의는 국가의 경쟁력을 위해 필수 불가결한 시스템으로 인식되고 있다. 지속적인 민주주의 계승 발전을 위해서는 '민주시민교육'이 중요한 역할을 하고 있다.

'광주정신'의 본고장인 광주에서의 민주시민교육은 더욱 가치 지향적이어야 하며 체계적으로 실천해 나가야 하는 광주만의 랜드마크가 되어야 한다. 높은 마천루를 지어 우리 도시의 랜드마크로 지정하자는 일부의 의견이 있다. 그러나 건축물보다 더 귀하게 지켜나가야 할 것이 '정신'이며 그것을 위해 꼭 필요한 것이 '교육'인 것이다.

민주주의의 뿌리는 학교에서 자란다. 특히 5·18민주화운동의 정신이 살아 숨 쉬는 광주에서 민주시민교육은 단순한 교육과정을 넘어 삶의 방식이며 시대의 사명이다.

광주광역시교육청은 이러한 지역적 역사성과 철학을 바탕으로 민주시민교육의 새로운 지평을 열고자 노력하고 있다.

현재 광주시교육청은 학교 교육과정과 연계해 5·18민주화운동 교육을 운영하고 있다. 5·18 45주년 기념주간 운영, 학교 교육과정 반영(계기교육 2시간 이상), '오월 교육 꾸러미' 배포, 교과 개설 및 교과서 활용 지원, 각종 추모 사업 등이다. 하지만 1년에 2시간 이상의 계기교육만을 단위학교에서 실시하고 있을 뿐 '5·18교과'를 개설하는 학교는 거의 없는 실정이다. 광주만의 특색 있는 교육과정 운영으로 광주정신을 잇는 토대를 만들어야 할 것이다.

5·18민주화운동 체험 프로그램도 다양하게 운영되고 있다. 5·18 사적 함께 걷기 축제, 5·18 청소년 문화제, 오월버스, 5·18 문화예술공연 등 다채로운 행사가 운영되고 있다. 하지만 일회성 행사를 넘어 내실 있는 '5·18' 교육을 위해 보다 많은 학생들이 참여할 수 있는 방안이 마련되어야 한다.

시교육청 중심의 '5·18' 전국화와 세계화를 위한 다양한 노력들도 이루어지고 있다. 타지역 학생들을 초대해 묘역을 탐방하고, '글로벌리더 세계한바퀴' 프로그램을 통해 세계 각지에서 '5·18 플랩시몹'으로 '5·18'을 알리기 위해 노력하고 있다. 다만 많은 예산을 들여 세계로 나간 학생들의 플랩시몹 하나로 '5·18 세계화'를 만들어 낼지는 의문스럽다.

민주시민교육은 단지 지식을 전달하는 것을 넘어 학생 한 사람 한 사람이 자신의 삶 속에서 민주주의를 실천하도록 만드는 데 그 목적이 있다. 다름을 인정하고 비판적 사고를 키우며, 공동의 가치를 위한 연대를 경험하는 교육이야말로 진정한 민주시민을 길러내는 과정이다.

  우리에게는 '5·18'이라는 우리만이 가지고 있는 민주시민교육의 교본이 있다는 점을 명심하자. 광주는 과거에도 그랬고 오늘날에도 그렇듯이 민주주의의 산실이다. 민주시민교육의 활성화를 통해 광주의 학생들은 지역을 넘어 더 넓은 곳에서도 정의롭고 책임 있는 시민으로 성장할 수 있도록 키워야 한다. 광주교육에는 광주정신이 발현될 수 있는 진정한 민주시민을 길러내야 할 책무성이 부여되어 있는 것이다.

-〈광주일보〉, 2025. 9. 25.

'노동'이 당당해야
진정한 인권도시 광주다

　최근 광주광역시교육청 앞에서 비정규직 노조의 기자회견이 있었다. 광주광역시교육청 산하 유아교육진흥원이 파업 참여자들의 근무평정 점수를 대폭 삭감해 지방노동위원회로부터 '부당노동행위' 판정을 받은 후에도 제대로 된 후속조치가 이행되지 않자 학비노조 광주지부가 이에 반발하는 기자회견을 가진 것이다.

　지난해 임금 및 단체협약 교섭 과정에서 쟁의행위에 참여한 조합원들의 2024년도 근무성적평정 점수를 깎았다는 것이다. 진흥원 측은 "근무태도를 관찰한 평가"라고 주장했지만 낮은 점수를 부여한 합리적인 이유를 제시하지 못했을뿐더러 "노동자들의 민원제기로 행정력이 낭비됐다."는 취지의 발언이 더더욱 원성을 북돋는 계기가 되었다고 한다.

대한민국 헌법 제33조에는 '노동3권'을 보장하고 있다. 노동조합을 결성할 수 있는 '단결권', 사용자와 협상할 수 있는 '단체교섭권', 그리고 파업 등 집단행동을 할 수 있는 '단체행동권'을 명기하고 있다. 노동자의 단체행동에 대한 이해의 부족이 가져온 안타까운 사태라고 보아진다.

필자는 학생 운동 이후 '자동차 정비공' 생활을 한 적이 있다. '노동자'에 대해 흔히들 오해하고 있는 것이 '노동자'라고 하면 '블루칼라'를 연상한다는 것이다. 예전의 현상수배 전단지를 보면 '노동자 풍의 옷차림'이라는 문구가 있었다. '노동'은 육체적인 것이고 힘든 것이라는 오해가 있었다. 근로기준법 제2조에 따르면 "근로자(노동자)는 임금을 받고 일하는 사람"으로 표현하고 있다. 나의 정신적·육체적 활동을 통해 노동을 제공하고 그에 준하는 임금을 받는 사람이 '노동자'인 것이다. 학교 선생님도, 비행기 조종사도, 용접공도 모두 노동을 제공하고 임금을 받는 '노동자'라고 할 수 있다.

'노동'과 '노동자'에 대한 뿌리 깊은 오해를 걷어내기 위해서는 '노동인권교육'이 절대로 필요하다. 경제인구 중 대다수는 노동자로서의 삶을 살아간다. 노동자로서의 스스로의 자기 이해와 더불어 노동자로서 마땅히 누려야 할 권리에 대해 알아야 한다는 것이다.

2020년 청소년 노동인권 개선을 위한 실태조사 결과 발표 및 정책토론회. '노동'이 선택이 아니라 필수이듯이, '노동인권교육' 또한 선택이 아니라 필수가 되어야 한다.

다행히도 우리 지역은 '노동인권교육 활성화 조례' 등을 통해 학교 내외에서 다양한 노동인권교육이 이뤄지고 있다. 필자가 한때 상임대표를 맡았던 '광주청소년노동인권네트워크'에서 양성한 강사진들이 수년째 교육청과의 협업을 통해 단위학교로 '찾아가는 노동인권교실'을 진행하고 있다.

또한, 2019년에는 전국 최초로 전남공고에 '노동인권'이 교육과정에 편성되면서, 해당 교과서를 교육청에서 자체 제작하기도 하였으며, 광주광역시 관내 직업계고의 모든 학과에서는 '노동인권' 교과가 편성되어 운영되고 있다. 졸업과 동시에 노동자가 되는 직업계고 학생들에게 필수적으로 필요한 교육과정이라고 볼 수 있다. 2022 개정교육과정에서는 전문공통과목으로 '노동인권과 산업안전보건'이 편성되어 전국적으로 많은 직업계고에서 해당 교과를 개설하여 운영하고 있다.

　그러나 '노동인권교육'이 초, 중, 일반고에서는 교육과정으로 편성되지 못하고, 2025년부터는 예산 부족의 이유로 '찾아가는 노동인권교실'이 축소되어 운영되고 있는 안타까운 현실에 맞닿아 있다. '노동'이 선택이 아니라 필수이듯이, '노동인권교육' 또한 선택이 아니라 필수가 되어야 한다는 점을 말하고 싶다.

　일반 시민들이 오해할 수 있는 '노동'에 대한 그릇된 시각을 개선하고, 또한 '노동인권'을 침해하는 사용자의 발생을 막기 위한 방편으로 보다 적극적이고 다각적인 '노동인권교육'이 활성화 되기를 바라본다.

　오랫동안 '청소년 노동인권교육'을 위해 활동해온 사랑하는 후배가 자주하는 말을 인용하면서 글을 마무리하고자 한다.

　'노동은 인격을 수반한다.'

- 〈지이코노미〉, 2025. 9. 21.

기술 강국의 미래,
과학기술교육에 달려 있다

 최근 우리 사회는 의대 정원 증원 문제로 큰 홍역을 치렀습니다. 이 논란의 이면에는 최상위권 인재들이 너 나 할 것 없이 의대로만 향하는, 이른바 '의대 쏠림' 현상이 자리 잡고 있습니다. 초등학생 때부터 의대 진학을 목표로 입시 경쟁에 뛰어드는 현실은 국가의 미래를 생각할 때 안타까움을 자아냅니다.

 '의대에 미친 한국'이라는 한 다큐멘터리의 지적처럼, 우수 인재들의 '탈공대' 현상은 대한민국의 과학기술 경쟁력을 뿌리부터 흔들고 있습니다. 국가의 지속적인 발전을 위해 과학기술교육의 활성화가 그 어느 때보다 시급한 시점입니다.

 과거 대한민국이 10대 경제 대국으로 성장할 수 있었던

지금이 바로 과학기술교육의 패러다임을 전환해야 할 때입니다.

원동력은 단연 과학기술이었습니다. 30여 년 전, 우리 사회의 우수한 인재들은 주저 없이 이공계를 선택했고, IT와 반도체 등 다양한 기술 분야에서 눈부신 성과를 거두며 오늘의 대한민국을 만들었습니다. 하지만 지금 우리는 과거의 성공에 안주한 채 미래 성장 동력을 잃어버릴 위기에 처해 있습니다. 우리의 인재들이 의대 문만 두드리는 동안, 경쟁국인 중국에서는 '의대보다 공대'를 선호하는 뚜렷한 현상 속에서 수많은 인재가 기초과학과 기술 역량 강화에 매진하고 있습니다. 이러한 현실은 우리에게 시사하는 바가 큽니다.

국가의 경쟁력은 결국 기초과학과 기술력에서 나옵니다. 하루가 다르게 변화하는 글로벌 기술 패권 경쟁 속에서 뒤처지지 않으려면, 우수한 과학기술 인재를 체계적으로 양성하고 그들이 역량을 마음껏 펼칠 수 있는 환경을 조성하는 것이 무엇보다 중요합니다. 단순히 인재를 키우는 것을 넘어, 최고의 과학자와 기술인들이 해외로 유출되지 않고 국내에서 존중받으며 연구와 개발에 몰두할 수 있는 사회적 분위기와 제도적 지원이 절실합니다.

따라서 이제는 범정부적인 차원에서 과학기술교육 활성화를 위한 특단의 대책을 마련해야 합니다. 잠재력 있는 학생들이 이공계를 기피하지 않고 당당하게 자신의 꿈을 펼칠 수 있도록 장기적인 비전을 제시하고, 과학기술인들이 안정적인 환경에서 연구에 전념할 수 있도록 지원을 아끼지 말아야 합니다. 기술 강국을 향한 길은 결국 사람에 대한 투자에서 시작됩니다. 우리 미래 세대가 과학기술 분야에서 새로운 성장 동력을 만들어나갈 수 있도록, 지금이 바로 과학기술교육의 패러다임을 전환해야 할 때입니다.

광주 청소년이
민주 시민으로 성장하는 길,
올바른 역사교육에 답이 있다

"역사를 잊은 민족에게 미래는 없다." 신채호 선생의 말은 오늘날 청소년들에게 큰 울림을 준다. 역사교육은 단순한 과거 학습이 아니라, 민주 시민으로 성장할 힘을 길러주는 교육이어야 한다.

세계 역사교육의 현주소를 살펴보면 극명한 대비가 드러난다. 독일은 제2차 세계대전의 전범 국가임에도 나치의 만행을 철저히 기록하고, 반성과 책임을 교육의 핵심으로 삼았다. 청소년들은 나치의 범죄 현장을 답사하며, '다시는 반복하지 않겠다.'는 사회적 합의를 공유한다. 그 결과 독일은 전범국의 오명을 넘어, 인권과 평화의 가치를 실천하는 국가로 자리매김했다.

　반면 일본은 여전히 과거를 직시하지 않는다. 교과서에서 침략을 '진출'로 바꾸고, 위안부 피해 사실을 축소하거나 왜곡하는 행위는 여전히 현재진행형이다. 일본 청소년들은 전쟁의 참혹한 피해자가 아닌 '자국의 발전 서사' 속에서 과거를 배우고 있으며, 이에 따라 아시아 각국의 고통은 뒷전으로 밀려난다. 이는 결국 일본 사회가 미래에도 과거의 그림자에서 벗어나지 못하게 만드는 족쇄다.

　일본은 교과서에서 침략과 전쟁범죄, 위안부 피해를 축소하거나 왜곡하고 있다. 731부대의 만행과 중국 민간인 피해 사례도 제대로 다루지 않는다. 이러한 왜곡은 단순히 역사적 사실을 지우는 것이 아니라, 청소년의 비판적 사고와 시민적 책임 의식을 저해하는 심각한 사회적 문제다.

반면 한국은 정권이 바뀔 때마다 역사교육이 흔들리며 정치적 입장에 따라 교과서 집필 기준 논란이 재연되었고, 서술이 달라지는 경우도 있었고, 특정 정파의 입장에 따라 역사 서술이 왜곡되거나 강조점이 달라졌다. 그 과정에서 학생들은 '역사의 진실'을 배우기보다는 '정치 권력의 입장'을 강요받는 피해자가 되었다.

그러나 역사교육은 권력의 소유물이 아니다. 청소년이 미래 사회를 설계할 시민적 힘을 기르는 과정이어야 한다. 역사는 권력이 쥐락펴락할 수 있는 도구가 아니다. 역사교육은 국가의 정체성을 세우고, 청년 세대에게 비판적 사고와 성찰의 힘을 길러주는 공공의 자산이다. 역사교육이 정권에 따라 흔들린다면, 사회 전체가 진실을 잃고, 청년들은 스스로 미래를 개척할 나침반을 잃게 된다.

광주는 민주와 인권의 도시다. 5·18민주화운동과 광주학생독립운동은 지역을 넘어 한국 현대사의 중심에 서 있다. 이제 광주의 역사교육은 단순한 기념이나 추모가 아니라, 청소년이 주도하는 살아 있는 배움으로 확장되어야 한다.

우리 청소년들을 위한 역사교육 방향을 제시하자면, 첫

째, 민주·인권 중심 역사교육. 즉, 광주의 경험을 한국 민주주의의 산 증거로 배우고, 이를 세계사 속 인권·평화 교육으로 확장해야 한다. 둘째, 정치적 독립성 확보. 즉, 정권 변화와 관계없이 사실과 진실에 입각한 교육 체제 확립해야 한다. 셋째, 청소년 주도 참여. 즉, 학생이 역사의 수동적 소비자가 아니라 능동적 기획자·참여자로 성장할 수 있도록 지원할 수 있어야 한다. 넷째, 체험·실천형 교육 확대. 즉, 교실을 넘어 현장에서 배우고, 직접 목소리를 내는 교육이어야 한다. 다섯째, 세계시민성 연계. 즉, 광주의 경험을 국제사회와 공유하며 세계적 민주·인권 교육으로 발전시켜야 한다.

호남의병활동에 대한 현장 체험 교육, 광주학생항일운동의 대구 재판장 기록을 통한 광주 학생들의 항일 운동 참여 실태 교육, 1992년 일본 총리의 방한을 계기로 일부 위안부 피해 할머니들이 주한일본대사관 앞에서 시작한 수요집회 참가 등 피해자의 증언과 기록을 학습하고, 거리 캠페인과 청년 토론회를 통해 일본의 역사 왜곡을 알려야 한다. 학생들이 단순히 지식을 습득하는 것을 넘어, 사회적 목소리를 내고 행동하는 시민으로 성장할 수 있도록 부모와 교육계가 함께 교육의 장을 만들어 올바른 역사인식을 심어줄 수 있어야 한다.

역사교육은 과거의 기록이지만, 동시에 현재와 미래를 연

광주의 청소년들이 살아 있는 역사교육을 통해 민주 시민으로서 사회에 목소리를 내고, 세계와 소통하며, 평화와 정의를 지키는 힘을 길러야 한다.

결하는 힘이다. 학생들이 직접 기록을 조사하고, 현장 체험하며, 지역과 시민, 국제 사회와 교류하는 과정은 민주 시민으로 성장하는 살아 있는 역사교육 그 자체이다.

2025년 광주 청소년들의 역사·현대사 교육은 참여와 체험 중심, 정치적 독립성 확보, 국제적 감각을 핵심으로 해야 한다. 학생들이 위안부 피해와 독립운동, 일본의 역사 왜곡 문제를 비판하고, 전쟁과 평화의 의미를 체험할 수 있도록 현장체험학습 코스 선택에 있어 능동적 기획자·참여자로 성장할 수 있도록 교육과정에서 지원할 수 있어야 한다.

역사교육은 과거를 기억하는 것을 넘어, 청소년이 미래를 설계하고 행동하는 힘을 기르는 교육이다. 신채호 선생이 강조했듯, 역사를 잊은 세대에게는 미래가 없다. 일관된 역사교육, 비판적 사고, 참여형 실천 교육을 통해 광주 청소년은 정권 변화와 사회적 압력에도 흔들리지 않는 민주 시민으로 성장할 수 있다.

　역사는 단순한 과거의 기록이 아니라, 현재와 미래를 연결하는 힘이다. 광주의 청소년들이 살아 있는 역사교육을 통해 민주 시민으로서 사회에 목소리를 내고, 세계와 소통하며, 평화와 정의를 지키는 힘을 길러야 한다.

전국 최고 학업중단율의 비극: '희망교실' 부활이 광주교육의 해법이다

전국 1위 학업중단율, 절반이 '원인 미상'이라는 충격

최근 3년간 광주광역시 초·중·고 학업중단율이 급증했습니다. 2024년 한 해에만 초등학교 377명, 중학교 239명, 고등학교 1,007명 등 총 1,623명의 학생이 학교를 떠났습니다. 특히 고등학교 학업중단율 2.4%는 전국 최고치라는 불명예를 안았습니다. 주된 원인은 학교 부적응(262명)이었으나, 더 충격적인 사실은 학업중단 고등학생의 57.3%가 학교를 떠난 원인조차 제대로 파악되지 않았다는 점입니다.

"단 한 명의 아이도 포기하지 않는 광주교육." 이정선 교육감의 슬로건이 무색하게, 학교는 아이들의 숨겨진 위기 신호를 놓치고 있습니다. 이는 실질적인 위기 포착 및 심층 진단 시스템이 현장에서 부재함을 명확히 보여줍니다.

실력 향상 정책에 밀려 희생된 학생 복지

현 교육감 취임 후, 실력 향상을 목표로 대규모 예산이 투입되는 365 스터디룸, 꿈드리미 지원 사업 등이 추진되었습니다. 이 과정에서 취약층 학생들을 위한 복지 예산이 전액 삭감되었고, 그 대표적인 희생양이 바로 '희망교실'입니다.

10년간 타 시도교육청에서도 벤치마킹할 정도로 만족도가 높았던 희망교실을 희생시켰음에도, 광주 학생의 실력 향상에 대한 객관적인 조사나 통계는 찾아볼 수 없습니다. 오히려 교권 추락과 기초학습부진아 증가가 가속화되고 있으며, 학업중단자의 폭증은 이 위기의 심각성을 대변하고 있습니다.

희망교실의 재발견: 사람 사는 교육 혁신 모델

희망교실은 단순한 '보충수업'이 아니었습니다. 2013년부터 2022년까지 연간 6천여 명의 교직원이 약 3만 5천 명의 학생을 지도하며 광주가 꿈꿔온 '사람 사는 교육'의 축소판을 실현했습니다.

① 학생 개인 맞춤형 심층 멘토링 및 자존감 회복

연간 30억 원의 예산은 교직원 1인당 50만 원 정도로 지원되어, 교사와 학생이 교실 밖(카페, 서점, 야구장 등)에서 만나 '삶 속에서 함께 배우는 시간'을 가졌습니다. 이 비공식적 만남을 통해 정규 수업 시간에 드러나지 않던 학업 부진, 생활 고민 등 숨겨진 위기 신호를 교사가 조기에 발견하고 심층적인 멘토링을 제공했습니다. 학생들은 맞춤 지원과 따뜻한 유대감 속에서 학교에 대한 소속감과 자존감을 되찾았습니다.

② 교육 공동체 구축 및 압도적 만족도

희망교실은 교사들의 교육 보람을 증대시켰을 뿐 아니라, 433곳의 '희망기부가게'가 참여하여 교육이 학교만의 책임이 아닌 마을 공동체 전체의 책임이라는 인식을 실천했습니다. 이처럼 학교와 마을이 함께 만든 모범적인 교육사업의 결과는 압도적이었습니다. 선생님 만족도 98.2점, 학생 만족도 98.6점을 기록했으며, 응답자의 92.1%가 지속 운영을 희망했을 정도로 정책의 효과가 모든 교육 주체에게 입증되었습니다.

광주교육 위기 극복의 해법, 희망교실 전면 부활

저는 희망교실을 광주 교육 위기를 극복할 수 있는 가장 확실한 해법이자, 광주를 대표하는 교육정책으로 모든 학교에서 전면적으로 다시 시작해야 한다고 주장합니다.

희망교실에 투입되는 예산은 결코 낭비가 아닙니다. 이는 학생에게 삶의 희망을, 선생님에게 함께하는 시간을, 학부모에게 신뢰를, 시민에게 참여의 기쁨을 돌려주는 값진 투자입니다. 또한, 희망기부가게와 같은 시민 참여는 지역 상권 활성화와 교육 공동체 확장을 이끄는 선순환을 창출합니다.

광주의 미래는 아이들에게 달려 있으며, 아이들의 미래는 우리가 어떤 교육을 선택하느냐에 달려 있습니다. 부모, 상인, 마을 주민 모두가 아이들의 멘토가 되는 광주만의 교육 공동체 정신, 우리는 이미 희망교실을 통해 그 성공을 경험했습니다.

시민 여러분께 간곡히 호소합니다. 다시 한번 희망교실을 광주의 대표 교육정책으로 부활시켜 주십시오. 학생에게 희망을, 선생님에게 보람을, 학부모에게 안심을, 시민에게 자부심을 주는 교육. 그 교육의 이름은 바로 희망교실입니다.

김용태의
사람 사는 교육

초판1쇄 찍은 날 | 2025년 11월 3일
초판1쇄 펴낸 날 | 2025년 11월 10일

지은이 | 김용태
펴낸이 | 송광룡
펴낸곳 | 심미안
등록 | 2003년 3월 13일 제 05-01-0268호
주소 | 61489 광주광역시 동구 천변우로 487(학동) 2층
전화 | 062-651-6968
팩스 | 062-651-9690
전자우편 | simmian21@daum.net
블로그 | blog.naver.com/munhakdlesimmian
값 25,000원

ISBN | 978-89-6381-470-4   03800

· 잘못된 책은 바꿔드립니다.